AF329800

MAXIMIN DELOCHE

LA
BAGUE EN FRANCE
A TRAVERS L'HISTOIRE

LIBRAIRIE DE PARIS
FIRMIN-DIDOT ET CIE
56, rue Jacob, VIe

LA BAGUE EN FRANCE

A TRAVERS L'HISTOIRE

15 MAI 1930
DÉPOT LÉGAL
B.N. VOLUMES
Éditeurs
A04481

DU MÊME AUTEUR.

D'une pièce sigillaire de l'époque mérovingienne (Hors commerce).
La Maison du cardinal de Richelieu, document inédit (H. Champion), tiré à 3oo expl.
numérotés. Épuisé.
Autour de la plume du cardinal de Richelieu (Boivin), tiré à 3oo exempl. numérotés.
(Ouvrage couronné par l'Académie française.)
La crise économique au XVIe siècle et la crise actuelle (Plon-Nourrit).
Les Richelieu : le père du cardinal, François du Plessis, Grand Prévost de France,
documents inédits (Perrin).
Mémoires d'un chapelet de Jérusalem (Hors commerce).
Un démêlé du cardinal de Richelieu avec son suzerain en Poitou (Bull. de la Société
des Antiq. de l'Ouest).
L'énigme de Civaux (Auguste Picard).
Le Christianisme en Poitou au IIe siècle (Rev. des Quest. historiques).
Les Vrais mémoires du cardinal de Richelieu (Rev. des Quest. historiques).
Le cardinal de Richelieu et un de ses voisins en Poitou : un drame à Chauvigny.
(Bull. de la Société des Antiq. de l'Ouest).

EN PRÉPARATION.

Le cardinal de Richelieu et la Femme : la fin d'une légende.

MAXIMIN DELOCHE

LA
BAGUE EN FRANCE
A TRAVERS L'HISTOIRE

LIBRAIRIE DE PARIS
FIRMIN-DIDOT ET Cⁱᵉ
56, rue Jacob, viᵉ

1929

Copyright 1929 by Firmin-Didot et Cie.
Tous droits d'adaptation, de traduction et de reproduction
réservés pour tous pays.

PREFACE.

La bague, une parure minuscule, le plus petit de tous les bijoux, et aussi le premier de tous: une prééminence qu'elle doit à des significations multiples, qui lui assignent un véritable rôle d'ordre social.

Son origine, sa forme, son port les expliquent.

Son origine d'abord. A l'époque préhistorique, un lien enchaînait, ou par le cou ou par un membre, l'animal sauvage à domestiquer, l'ennemi vaincu réduit à l'esclavage, la femme choisie par le vainqueur. C'était un collier, un bracelet de bois tressé ou de cuir. Même chez les hordes des hommes des cavernes, la femme a toujours été la vraie maîtresse. Un jour, l'une d'elles excita la compassion de son maître; les liens qui l'attachaient furent supprimés. Fût-ce par reconnaissance ou par orgueil, l'esclave voulut conserver le symbole de sa chaîne et le porter de façon apparente. Le maître n'était-il pas pour elle le plus fort des mâles, sinon peut-être le compagnon choisi et adopté? La bague était née, emblème à la fois de personnalité, de vasselage, de fidélité, et aussi de souveraineté puisqu'elle attestait la force, la supériorité, et le rang du maître. Ce double et réciproque symbolisme était trop précieux pour que ce dernier, à son tour, ne l'adoptât point. La bague devenait dès lors en même temps qu'une parure, un instrument commode dans les rapports sociaux. La bague entrait dans l'histoire.

Sa forme aidait à sa valeur comme emblème. Par le fait qu'elle n'avait ni commencement ni fin, elle symbolisait la force immuable du lien, la pérennité du serment; et elle était aussi, de plus, la figure du soleil, source éternelle de vie, et base sacrée du culte religieux chez l'humanité la plus reculée.

Son port, enfin, lui assigne une place à part au-dessus des autres parures; seule, elle est associée intimement à son possesseur qu'elle ne quitte jamais. Elle vit de sa vie. Elle est liée à sa main qui résume toutes les énergies de l'homme et incarne sa vitalité dans le cycle humain : la main qui tient le sceptre, l'épée, la plume et l'outil; la main par laquelle on se donne, la main qui scelle les serments, la main qui bénit et maudit, la main qui crée toutes les œuvres de la vie matérielle et de la pensée, la main dont le geste résume la passion, exprime la joie, la douleur, le mépris, la haine, l'amitié et l'amour!...

La bague a rempli la légende, la mythologie, la littérature, les arts, comme l'histoire de l'antiquité. Certaines sont devenues des mythes; d'autres sont devenues des entités, ayant leur vie propre, chargées de propriétés singulières, de vertus mystérieuses.

L'anneau de Prométhée tiré du fer de la chaîne qui le lie à son rocher, et qu'il doit porter, en recouvrant de Jupiter sa liberté ; l'anneau de Polycrate, qu'il essaie en vain de perdre, pour conjurer l'adversité; l'anneau de Gygès qui le rend invisible; l'anneau d'Aladin qui lui vaut l'obéissance d'un énorme géant; l'anneau de Salomon, un gage de pouvoir absolu, dont la perte momentanée réduit le roi à vivre quarante jours comme un mendiant aux portes de son palais; l'anneau des Niebelungen.

L'anneau talismanique forme le fond de tout un cycle de légendes qui se perpétuent; tel est celui qui se brise quand il arrive un malheur à la personne qui l'a donné; un thème qui se répète depuis les plus vieux contes indiens jusqu'à la vie de Sainte Elisabeth de Hongrie. Il fait partie des traditions de nombre de familles; il figure dans l'histoire des rois thaumaturges d'Angleterre qui en bénissent le Vendredi-Saint pour préserver du haut mal ceux qui les portent.

Dans l'antiquité romaine, leur port, comme leur matière, sont soumis à des édictions et à des coutumes qui varient avec le temps.

La religion chrétienne, la grande gardienne des traditions humaines qu'elle marque de son sceau, lui assigne un rôle liturgique dans les engagements qu'elle sanctionne : le mariage, l'investiture cardinalice et épiscopale, la souveraineté papale.

La bague symbolise longtemps les épousailles du doge de Venise avec la mer.

D'autres ont une vertu fatale; telle la bague d'or mystérieuse, sinistrement prophétique, remise, dit-on, à Charles Ier par un inconnu resté introuvable; et de nos jours celle qui orne le cou de la Vierge d'Almudena dans un parc de Madrid.

Et le rôle de la bague dans les lettres et dans les arts! Le joli chapitre qu'il inspirerait. Pour le théâtre et le roman, en allant du drame indien de *Sakountala* au *Capitaine Fracasse*, à *l'Histoire sans nom*, à *l'Anneau d'améthyste*, en passant par Shakespeare, Molière et Corneille, avec *Tout est bien qui finit bien*, *l'Amour médecin*, *le Comte d'Essex*; pour les arts, en évoquant les noms de Memling, Jordaens, le Corrège, Titien, Murillo, avec le mariage mystique de Sainte Catherine, de Bordone avec les épousailles du doge de Venise et de l'Adriatique. Et quel relief vigoureux prend son caractère symbolique devant ce bronze flamand du XVIe siècle, une tête dont les lèvres blasphématrices sont scellées par un anneau, l'œuvre expiatoire du coupable obligé de faire exécuter la reproduction de son forfait?

Mais là, elle n'a servi que d'emblème figuré. Quelle évocation autrement puissante et prenante permettrait un musée complet des bagues elles-mêmes de tous les âges. Restituées par la pensée aux doigts dont elles ont senti battre le sang, ce serait tout le passé ressuscité, l'Histoire tout entière dressée devant nous. Elles feraient revivre l'humanité agissante, dans la succession de ses générations. Toutes parleraient, celles des grands qui ont détenu le pouvoir, comme celles des humbles. Les premières évoqueraient les grandes phases de la vie des peuples, convulsions ou ères de paix. Les autres ont vécu des sentiments, des passions de la foule; elles nous diraient ses mœurs, sa mentalité, ses convictions, ses aspirations, ses révoltes, ses engouements, ses caprices. Celles-là ne sont pas les moins intéressantes; la valeur de leur témoignage s'accroît du fait

de leur insigne rareté, car, malgré leur foisonnement, leur maigre
valeur intrinsèque ne les a pas protégées, et peu d'entre elles ont
survécu au jour d'enthousiasme qui les a vues naître.

Pareille évocation est un rêve. Nous avons néanmoins, essayé
de la faire pour la France, en utilisant les éléments dont nous dis-
posions. Leur nombre est nécessairement restreint, bien qu'à ceux
que nous avons réunis, nous ayons pu joindre la description ou la
reproduction de beaucoup d'autres, grâce à des conservateurs de
musées et collectionneurs que nous remercions ici. Aussi, prions-
nous le lecteur de s'en tenir au titre de cette étude. Ce ne sont que
des scènes qui se succèdent rapidement sur l'écran, à la lueur de ces
petits bijoux échelonnés comme des jalons. Il voudra bien suppléer
par son érudition évocatrice aux imperfections d'un essai de catalogue raisonné.

*Les Numéros des pièces, placés entre parenthèses, correspondent à
ceux des 16 planches.*

*L'indication d'origine des pièces est donnée par la table qui pré-
cède les planches, page 101.*

Les numéros en chiffres supérieurs correspondent aux références.

LA BAGUE EN FRANCE
A TRAVERS L'HISTOIRE

Ce vulgaire anneau en coquille (1), trouvé à Frignicourt, dans la Somme, est l'ancêtre le plus reculé de la bague française. Il symbolise les temps où la Gaule n'a pas encore d'histoire. Une femme à demi-vêtue d'une peau de bête l'a porté à son doigt, en signe de captivité ou d'esclavage, mais librement et orgueilleusement, en signe de reconnaissance pour le mâle vainqueur qui l'avait affranchie du collier de servitude. Elle faisait partie de ces petits groupements humains disséminés, vivant d'une vie sauvage, là où le sol leur offrait des cavernes pour abris, des pâturages et des bois pour leurs troupeaux et pour la chasse, des silex pour leurs armes et leurs outils.

Après cet âge de pierre, celui du bronze avec la première bague de ce métal. C'est d'abord un simple ruban plat fermé ou ouvert, et parfois, dans ce dernier cas, avec des enroulements spiriformes à ses extrémités. Au début de cette époque aussi, où l'or abonde, des anneaux spirales de ce métal.

Une nuée épaisse cache l'aurore de la période historique de la Gaule, et encore, lorsqu'elle s'éclaircit, n'est-ce que par lueurs indécises irrégulières et isolées. L'infiltration des civilisations du dehors

1

qui en est la cause se produit, en effet, de façons infiniment variées, et comme degré et comme terrain, et comme forme; tantôt elle est lente et pacifique par le trafic, le commerce, les échanges; tantôt elle procède par apports brusques, avec les expéditions et les invasions. Il faut aussi compter avec la coexistence, l'enchevêtrement et le choc de ces éléments nouveaux, variés et même souvent opposés l'un à l'autre, et cela dans l'ambiance de la tradition vivace des autochtones, si vivace que, pendant des siècles, elle conservera, en les mêlant aux éléments d'apport, des formes et des symboles ancestraux devenus mystérieux. Aussi, dans la série des innombrables bijoux de cette époque qui nous occupent, et qu'on peut, avec quelque vraisemblance, attribuer aux premiers âges historiques connus de la Gaule, n'est-il rien qui permette de les classer chronologiquement. Leur chaos même est l'image de la première Gaule historique, de la Gaule indépendante.

Voilà toute une série d'anneaux de provenance connue, d'authenticité parfaite : anneau de jadéite, de cristal de roche; anneaux d'or, avec cabochon de quartz; de bronze avec cabochon en pâte de verre; d'or, avec chaton orné de pâtes de verre de couleur; d'argent avec chaton de verre rouge et blanc, imitant le grenat et le lapis, portant au milieu une petite boule de verre simulant une perle; un autre avec un grenat ou un corail au chaton. Cette succession de types semble bien répondre à la série [1] logiquement chronologique des étapes de la civilisation dans les Gaules; mais on ne peut avancer autre chose avec la variété, le nombre, l'irrégularité, le rayonnement et l'importance inconnus des facteurs qui ont joué dans leur fabrication. Une conclusion seule est permise : ces bijoux ont été certainement une imitation naïve et grossière, avec des éléments locaux, de bijoux apportés du dehors, ou même seulement entrevus au dehors.

En voilà un qui synthétise bien cet apport étranger : cette grosse

---

1   Salomon Reinach, *Cat. ill. du musée de Saint-Germain*, Paris, 1917, t. II, p. 34; p. 283, n° 5; n° 9; p. 294; p. 292, A¹.

bague de bronze fondu (2), que l'orfèvre barbare a fabriquée sur
le modèle d'une bague grecque ou romaine portant une pierre.
Faute de ressources, il a exagéré la saillie du chaton laissé plein et
il en a orné le méplat et les côtés de cercles pointés, un élément
de décor ancestral qui persiste longtemps encore, et que l'on retrouve plus tard, employé d'une façon analogue, dans la période
franque sur un anneau muni d'une pierre (3), type d'un art plus
avancé.

*
* *

Les légions de César ont envahi la Gaule qui lutte vainement
pour son indépendance. Voici l'anneau de bronze laissé en Normandie par un soldat romain; il a pour chaton une plaque ovale
sur laquelle est gravée en creux l'effigie laurée d'un jeune chef,
peut-être un empereur (4). D'autres, de même métal, trouvés sur
notre sol, portent simplement le numéro de la légion (5-6). La
conquête est finie; les Romains la consolident et s'implantent. Des
édifices d'occupation surgissent de terre; cet anneau de la XVe légion (Coll. de Tarnoczy, XII, n° 11), sert à marquer l'argile fraîche
des briques que les soldats ont façonnées et vont cuire pour élever
leurs murailles.

Les vainqueurs ont apporté avec eux leurs mœurs, leur religion, leur civilisation, leur luxe que le génie gaulois adopte, avec
sa faculté native d'assimilation en les accommodant à son tempé-
rament. Les mœurs : ces anneaux à clef en forme de bagues (7)
(nombreux au Musée de Metz) pour les coffres à bijoux et les ré-
serves domestiques. Le culte aux dieux et aux empereurs : cette
bague d'argent sur le chaton de laquelle est gravé le dieu gaulois
au maillet, tenant le vase; cette autre avec un dieu Mars figuré sur
un chaton de nicolo [2]; cet anneau votif en bronze, portant une dédi-

2   Salomon Reinach, *Description raisonnée du musée de Saint-Germain*
     (Bronzes fig.), p. 177.

cace à Mars Voracius et aux divinités des empereurs. Leur civilisation et leur art : ces pierres gravées montées sur des bagues d'or et d'argent, où figurent surtout des sujets empruntés à la nature (une tendance gauloise) : oiseau, cheval, dauphin, perdrix, cavalier, Victoire et personnage assis [3].

Un écho de Rome avec ce sou d'or à l'effigie de Lucius Verus qui forme le chaton d'une bague d'or (8), et un écho qui se répercute jusqu'à Lyon. Au revers, figure en effet, ce prince debout, avec Marc-Aurèle qui l'associa à l'Empire en l'an 161, et ce dernier nom évoque la persécution sanglante contre les chrétiens de cette ville et le glorieux baptême de sang de son Eglise.

Le christianisme encore, maintenant dans le Sud-Ouest de la Gaule. Cette petite bague en or de jeune fille (9), trouvée à Saintes dans une tombe de cette même époque, concrète l'événement social le plus important qui va désormais dominer la vie des Gaules, comme celle de tout le monde païen.

Les deux emblèmes gravés sur le chaton de cornaline, un dauphin surmonté d'un trident cruciforme, sont la reproduction presque intégrale d'une peinture murale des catacombes de Priscille, les plus anciennes de Rome [4]. Ils personnifient le christianisme dans son premier envahissement des Gaules. Les adeptes de la nouvelle réligion ne sont alors qu'une infime exception; ils ne peuvent affirmer leurs croyances que par des symboles obscurs, connus seulement des initiés.

Avec le christianisme, ont débarqué aussi en Gaule, venant d'Orient, les hérésies nouvelles et les antiques superstitions. Voilà l'intrusion du gnosticisme chez les nouveaux fidèles, avec cette bague-abraxas (10), talisman d'une secte d'Alexandrie, trouvée à Saintes avec des monnaies du IIIe siècle.

Quelques bagues ayant comme chatons des sous d'or à des effi-

3   Salomon Reinach, *op. cit.*, t. II, p. 283, n° 14; t. I, p. 120, n° 7; n° 12, n°ˢ 16, 19, 22, n° 25; t. II, p. 292.

4   Horace Marurchi, *Guide abrégé du cim. de Priscille sur la voie Salaria*, p. 24.

gies impériales, ressuscitent les ambitions, les intrigues et les drames sanglants qui se succèdent sans interruption autour de la souveraineté des Gaules. Après Pertinax (11) au règne éphémère, c'est Postumus [5] qui se fait proclamer empereur des Gaules et meurt assassiné par ses soldats, pour finir à Tetricus avec lequel se clôt la série dite des trente tyrans [6].

Constantin a ceint la couronne impériale. Ses partisans, même en Gaule, portent des bagues en or avec une formule affirmant leur dévouement à l'empereur : *Fidem Constantino* (12). Son édit de 313 consacre la liberté [7] des cultes et donne droit de vie au christianisme. La nouvelle religion prend son essor. La bague à emblème chrétien, jusque-là rarissime et perdue dans les sujets mythologiques et païens, pullule désormais. Un poisson est gravé sur la cornaline d'une bague en argent, avec l'inscription ichthys en grec [8]; sur d'autres chatons, sont figurés l'agneau, le cerf, la colombe, le lièvre. Mais le signe prédominant est la croix sous ses diverses formes, quelquefois même avec les clous du crucifiement. Il y a aussi des acclamations religieuses : *Vivas in Deo* (13), *Mecum vivas in Deo, Vivat in Deo, Vivat in Deo cum marito suo.* La première au moins est du IVe siècle. De la même époque aussi, est une série de bagues datées par le sou d'or, déposé dans la main ou la bouche du défunt, l'obole à Caron, un usage païen encore en vigueur chez certains chrétiens. C'est ainsi qu'à côté d'une bague de femme en or avec le chrisme (14) s'en présentent d'autres sans signification religieuse, un anneau avec calcédoine (15), une bague en bronze avec figure de personnage ou divinité au chaton (16), un anneau de même

5   Musée d'Orléans.
6   Musée d'Autun.
7   Maurice Prou, *Bull. arch.* 1918, IIe Liv., p. CIV et CV.
8   Salomon Reinach, *op. cit.*, t. II, p. 283, n° 18.

métal avec fausse calcédoine gravée représentant un animal au galop (17), des anneaux d'argent unis ou avec chaton en pâte de verre (18), d'autres en bronze, simples cercles, sans figure ni inscription.

A la chute de l'empire d'Occident, en 476, la Gaule est envahie et sillonnée par les Barbares. C'est encore le chaos des débuts de l'époque historique, avec ces éléments d'apport étrangers violemment implantés sur son sol. Les voilà représentés par les noms à désinence germanique qui se lisent sur le chaton de ces bagues, livrées pour la plupart par des cimetières francs : *Cundobertus, Gelosimus, Marro, Grodolenus, Iweqorda, Gulfetrud* [9]. Peut-être faut-il répartir ces bijoux sur une période assez longue, mais ils n'en synthétisent pas moins l'invasion, et le statut nouveau qui en est la conséquence. La transition est même marquée par une pièce où s'accuse encore l'art gallo-romain : cet anneau d'or fin trouvé dans la Sarthe, dont le chaton gravé représente une scène d'horoscope entre un guerrier gaulois et une devineresse aux longs cheveux tombants, couverte jusqu'aux pieds d'une tunique sans ceinture, avec les deux noms Dromacius-Betta, niellés sur la tranche (19).

La souche de la lignée royale mérovingienne : Childéric Ier, dont le tombeau à Tournai nous livre l'anneau sigillaire portant son effigie de face entourée de son nom (20), et celui de sa femme, la reine Basine, la mère de Clovis (21).

Clovis, le premier roi des Francs. Avec ses victoires, la Gaule

9   Maximin Deloche, *Etude hist. et arch. sur les anneaux... dans le haut moyen âge*, Paris, 1900, n°s 116, 146, 185, 245, 246, 253.

est devenue mérovingienne au VIe siècle, unité relative au point de vue politique, religieux, artistique. La bague présente maintenant des caractéristiques, qui jusqu'alors n'avaient été qu'accidentelles : trois globules en feuille de trèfle de chaque côté du chaton et le nom du possesseur gravé sur celui-ci, soit en clair, soit en monogramme. La première de ces caractéristiques, un détail de technique usuel pour masquer la soudure de l'anneau et du chaton, accuse une infériorité artistique. La seconde prouve que, de simple bijou de luxe qu'elle était, la bague est devenue un ornement essentiellement personnel. Son but, sinon exclusif, au moins principal est-il de servir d'instrument de suscription au possesseur, comme partie ou témoin dans les actes écrits? Son caractère, dit sigillaire, par une généralisation peut-être excessive, ne répond-il pas à une idée sociale d'un ordre différent? Si la personnalité s'affirme ainsi davantage, par ce bijou, dans cette société nouvelle, n'est-ce pas dû au souci du guerrier vainqueur et conquérant de se distinguer, tout au moins à l'origine, de la population conquise? Cette préoccupation gagne celle-ci, qui l'adopte comme une mode nouvelle; elle s'étend à la femme plus qu'à l'homme. Les anneaux sigillaires féminins sont relativement plus nombreux que ceux des hommes. En l'état des connaissances en 1900, on compte soixante-sept vocables féminins contre soixante-deux masculins [10]. Cette particularité anormale n'a-t-elle pas une cause autre que celle de la race? Ne faut-il pas y ajouter l'éclosion d'un sentiment nouveau de dignité, dû à l'idée religieuse? Cette sorte de réhabilitation de la femme par le christianisme s'accorderait déjà sur le sol gaulois avec la vieille tradition celtique. N'a-t-elle pas reçu un nouveau et décisif essor par les mœurs des nouveaux conquérants qui apportent officiellement les mêmes croyances religieuses?

Ces croyances, le concours puissant de l'Eglise dans la dernière conquête de Clovis, son œuvre de propagande, d'implantation et de consolidation par la fondation de monastères, les voilà synthétisés

10 Maximin Deloche, *op. cit.*, *Introduction*, p. LIV et suiv.

dans cet anneau d'or historique. Il est de Leubacius, patron du bourg de Sennevières en Touraine, dont il gouverne le monastère, fondé au vi⁰ siècle par l'abbé Ursus. Son nom y figure en clair, précédé de la formule : *In Dei nomine* (22).

A côté de lui, revit la colonie juive de Bordeaux, le champ de foire de l'Occident au iv⁰ siècle, avec la bague d'*Aster*, ornée du chandelier rituel à sept branches (23). Puis, la vie privée dans son détail, avec la bague-sceau dont le médecin Donobertus appose l'empreinte sur les médicaments de sa fabrication (24), la bague que l'orfèvre Rusticus a signée (25), et ces quelques autres inédites d'inconnus, portant au chaton, un personnage en pied gravé en creux, sans légende (26), un monogramme de femme, *Aruna* (Signum Arune), complété par un second plus petit, figurant grossièrement une tête de face (27), un autre monogramme indéchiffrable (28).

Nous avons parlé du chaos lors des invasions de la fin du v⁰ siècle; il persiste encore à l'époque mérovingienne. Un exemple frappant est assurément fourni par cet anneau de bronze trouvé en Vendée. Les trois globules en feuille de trèfle qui accostent le chaton sont caractéristiques de l'époque. Mais sur ce dernier est gravé le swastika (29), d'abord antique emblème du mythe solaire, avant de devenir l'une des premières figurations de la croix chrétienne. Persistance ou réminiscence de la vieille tradition celtique? Affirmation cultuelle d'un nouveau chrétien?...

A l'inverse des documents d'ordre privé qui sont nombreux, deux pièces seulement pour la longue série sans relief des descendants de Clovis : un sou d'or à l'effigie de Clotaire II, formant le chaton d'une bague d'or (30), et l'anneau de Berteildis (31), l'une des femmes de son fils Dagobert. A ce nom, le plus populaire des rois mérovingiens, et qui marque l'apogée de leur puissance, reste associé, dans la légende familière, celui non moins fameux de Saint Eloi, le patron des orfèvres et maître de la monnaie royale. Mais pour son œuvre, dont une pièce devrait figurer, à double titre, en tête de cette étude, le creuset a parachevé, depuis peu, sa triste besogne. A la fin du xviii⁰ siècle, le trésor de l'église de Noyon,

dont il avait été évêque, montrait encore avec orgueil, avec le petit
sceau de cristal garni de métal doré qui lui avait appartenu, ses
quatre anneaux d'or. L'un d'eux portait cette inscription :

Annulus Eligii fuit aureus iste beati
Quo Christo sanctam desponsavit Godobertam.

« Cet anneau d'or du bienheureux Eloi fut celui avec lequel il
fiança au Christ Sainte Godeberte [11]. »

Deux bagues d'évêque, toutes deux de ce siècle, rappellent
l'œuvre religieuse de Clotaire, la constitution perpétuelle de
l'an 615, la création d'une véritable aristocratie religieuse. La première est celle d'Arnoul, évêque de Metz de 614 à 624, qui a donné
lieu à une légende. Passant sur un pont, il jeta cette bague dans
la Moselle, en disant : « Je croirai mes péchés effacés, lorsque cette
bague me sera rendue. » Un de ses serviteurs la trouva quelque
temps après dans les entrailles d'un poisson. Sur le chaton est
gravée une nasse où s'engage un poisson; à droite et à gauche,
deux petits poissons paraissent se diriger vers son ouverture (32).

L'autre, aujourd'hui disparue, avait été retrouvée sur le corps
d'Agilbertus, évêque de Paris vers 670, enseveli vêtu de ses ornements pontificaux. Cet anneau épiscopal en or portait, dit-on, en
chaton une intaille sur agate représentant saint Jérôme se frappant
la poitrine avec une pierre, devant un Christ en croix [12].

*
* *

Après Dagobert, la suite des rois fainéants, et la décadence dans
l'art, comme dans l'autorité monarchique. On la constate dans cette
bague en or au nom de *Marconivia* (33), avec l'abus du décor des
globules en feuilles de trèfle, la disposition du chaton en losanges
accouplés, la recherche exagérée d'ornementation, qui s'écartent du
type mérovingien classique d'une simplicité caractéristique. Ajou-

11   P.-L. Jacob, *Curiosités de l'histoire des arts*, Paris, 1858, p. 200.
12   Maximin Deloche, *op. cit.*, n° 72 *bis*.

tons qu'elle provient d'Angers, c'est-à-dire d'un point limite de
l'influence franque. L'on peut même se demander s'il n'y faut pas
relier toute une série de bagues provenant de parties de la Gaule,
restées, par leur position géographique, plus profondément attachées
à l'influence romaine, et dans lesquelles le trèfle de globules typique se présente très dénaturé. C'est le cas de celles de *Domo-
lina* (34), trouvée à Bordeaux; d'*Alduni* (35), trouvée à Turenne;
de *Benigni* (36) (un nom romain) trouvée à La Tour (Deux-Sèvres)
avec une autre analogue (37). Le trèfle n'est plus dans ces pièces,
un ornement dérivé d'une nécessité technique; il est devenu un élément de décor inspiré par la tradition; dans la bague d'*Alduni*, il
est remplacé par trois V parallèles emboîtés; dans celles de La Tour,
il est figuré par trois points, séparés l'un de l'autre par des entailles
grossières.

Les Maires du Palais : un sang nouveau, une autorité et un
esprit politique de suite et de décision, inconnus chez les derniers
mérovingiens. Ils éclatent sur les détails de cette bague (38) : les
jambages des lettres s'alignent avec précision et netteté, sans les
tâtonnements naïfs des monogrammes précédents : la tige, bombée
à l'extérieur, a une arête aiguë et va en diminuant régulièrement
depuis le chaton : le trèfle des globules qui l'accoste n'a plus l'aspect
d'un ornement de surcharge, destiné à masquer la soudure; il est
entaillé à même dans le métal avec une vigueur quasi-architecturale.
Si ce n'est là Pépin-le-Bref, c'est au moins aux approches de son
avènement, le VIIIe siècle.

Avec l'anneau légendaire de la fondation d'Aix-la-Chapelle,
Charlemagne et la création de l'empire d'Occident. Grâce à son an-

neau, caché au milieu de ses cheveux, le corps de Fastrade, la troisième femme de l'empereur, se conserve intact après sa mort. Charlemagne reste fasciné auprès d'elle, indifférent à tout. Une nuit, l'archevêque Turpin, éclairé par une vision, enlève l'anneau et le jette dans le lac de Frankenberg. A partir de ce moment, Charlemagne qui avait fait inhumer le corps de Fastrade, subitement décomposé, montre pour ce lieu une prédilection qui dure toute sa vie. Il fait d'Aix-la-Chapelle, tout à côté, la capitale de son empire, embellit somptueusement cette ville, et y réside souvent dans un château bâti près du lac qui recèle le précieux talisman [13].

*
* *

La mort de Charlemagne, le démembrement de son empire, la destruction de son œuvre, la nuit. Mais, dans cet amas de ruines, une force est restée debout, projetant sa lumière qui plane au-dessus, rattachant encore entre eux les éléments épars qui s'agitent confusément dans ces ténèbres. C'est l'Eglise qui a déjà cimenté l'unité nationale sous la première race royale, s'est inféodée avec elle dans ses successeurs, a fait leur puissance et qui va continuer leur œuvre.

La bague encore est là pour servir d'illustration à ce nouveau tableau. Sigillaire sous les Mérovingiens, elle a déjà, après eux, perdu un peu de ce caractère. Maintenant, elle ne l'est plus. L'esprit d'individualisme qu'elle devait, chez les Barbares, au sentiment de leur force d'envahisseurs et de conquérants et au besoin de l'affirmer, n'a plus de raison d'être, il n'y a pas de place pour lui dans la société nouvelle. Dans celle-ci, l'autorité est toute spirituelle, et à l'inverse de l'autorité terrestre, elle est anonyme. Les bagues sigillaires précédentes provenaient de cimetières ou galloromains, ou gallo-francs, ou mérovingiens; celles qui représentent

13   Gaston Paris, *L'anneau de la morte, hist. d'une légende*, Paris, 1897.

maintenant, non plus la Force, mais la Foi, n'ont rien d'individuel; elles viennent des tombeaux, où ont été déposés, dans les caveaux des cathédrales, les corps des dignitaires de l'Eglise, revêtus de leurs ornements pontificaux. Si elle est authentique, cette bague en or de Hugues, évêque de Toulouse de 925 à 978, au chaton soutenu par quatre dragons, portant un monogramme linéaire, dans un cadre ovoïde de grenetis (39), est une exception. Celle que livre le sarcophage de Gérard, évêque de Limoges, mort en 1022, a son chaton formé de quatre fleurs trilobées, apposées par la base, sur lesquelles courent de légers filets d'émail bleu. La cathédrale de Châlons a fourni l'anneau pastoral de l'évêque Roger III, mort en 1093, anneau d'or jaune à chaton ovale à trois lobes sertissant une améthyste. La bague trouvée dans le tombeau d'Ulger, évêque d'Angers, dans le même siècle, est surmontée d'une jaspe ordinaire et porte l'inscription talismanique *Thebal gut gutthan* (Guéris bien la goutte). L'anneau pastoral de Serlon d'Orgers, ancien évêque de Séez, mort en 1122, retrouvé dans un sarcophage de cette cathédrale, est en or, sans ornements ni ciselures; son chaton se compose d'une petite pierre d'un bleu clair.

Par son dogme conservé pieusement dans les monastères avec les Lettres, cette Foi anonyme n'impose pas seulement la charité à cette société qui s'entretue; elle la meut à sa voix de sacrifice, vers des entreprises d'idéal religieux, follement héroïques et désintéressées, comme les Croisades.

C'est en Orient, à leur but, que nous irons, à cette époque, avec les Croisés, chercher la bague de France, à Jérusalem, dont le nom est crié alors par toutes les énergies. Cette petite bague en bronze, portant un coq gravé en creux sur son chaton (40), a fait partie du Trésor de la Basilique de Saint-Pierre qui s'élevait au VIe siècle sur les caves de la maison de Caïphe, pour commémorer la prison du

Christ et la défaillance humaine de son disciple. Elle a vu les Croisés arrivés à leur but, contempler la vallée du Cédron et suivre de l'œil la Voie de la captivité du Maître; elle résume plusieurs siècles de notre histoire, faits de sacrifices, d'aventures et de foi.

Cette bague a une sœur en France, sœur jumelle, naïve comme elle, et qui elle aussi, a survécu aux siècles. Saint-Pierre y figure à côté du coq (41). Nous la reproduisons ici, car bien que nées sur deux sols différents, elles ont été inspirées par une croyance commune et se relient par des liens mystérieux.

Le xiiie siècle est le plus brillant du moyen âge. Le faste des bijoux s'ajoute à celui des habits. Les hommes ont les doigts chargés de bagues où les inscriptions commencent à apparaître; sur le pourtour de cet anneau d'or est gravée l'invocation *Ave Maria* (42). Elles se chargent de pierres; le bras reliquaire du xiiie siècle conservé à Varzy (Nièvre) comprend une main portant à son troisième doigt une bague en or, bordée sur tout son pourtour de filets de perles, avec de gros cabochons à la partie médiane (43). Un rubis cabochon est enchâssé dans l'anneau pastoral de Gautier Cornut, archevêque de Sens, mort en 1241. Les bagues de ses confrères sur le même siège, Gilon Ier Cornut, et Pierre de Charny, décédés l'un en 1254, l'autre en 1274, sont aussi richement chargées. L'anneau pastoral de Jean de la Cour d'Aubergenville, évêque d'Evreux de 1244 à 1255, mérite une mention spéciale; il est en or massif et à jonc finement guilloché. Le chaton, formé d'une large plaque à quatre lobes est surmonté de filigranes figurant des arabesques de fleurs et de feuillages. Une grosse topaze en occupe le centre. Huit petits chatons, formés alternativement d'un grenat et d'un saphir, se trouvent répartis sur les quatre lobes (44).

Les emblèmes commencent à être héréditaires. Le père les transmet à ses enfants. On les figure sur les sceaux, sur les meubles, sur les habits de la famille [14]. Ce sont les armoiries qui envahiront bientôt la bague.

Celles de Saint-Louis suffiraient à symboliser le siècle, avec le souvenir de l'ordre et de la justice que. le vrai héros du moyen âge incarne, de Taillebourg, du Concile œcuménique de Lyon, des deux dernières Croisades.

Celle de son mariage d'abord : une bague entrelacée d'une guirlande de lys et de marguerites, pour faire allusion à son nom et à celui de la reine son épouse, portant au chaton l'image d'un crucifix gravée sur un saphir, accompagnée de la devise : « *De hors cest annel pourrions avoir amour?* » [15].

Puis sa bague-cachet, provenant du Trésor de Saint-Denis. L'anneau en or émaillé, est semé de fleurs de lys qui se détachent en taille d'épargne sur un fond bleu, et porte sur la face interne l'inscription : *C'est-le-Sinet du Roi Saint-Louis.* Le chaton de forme rectangulaire renferme une agate sur laquelle est gravé le Saint debout, placé de face, couronné, nimbé et tenant le sceptre et le globe. Dans le champ *S L* (Sanctus Ludovicus) d'une écriture moins ancienne que la gravure (45).

*
* *

Le xive siècle s'ouvre par la célèbre querelle de Boniface VIII et de Philippe-le-Bel, préface du grand conflit du spirituel et du temporel qui va désormais remplir l'histoire. En voici l'évocation avec la bague de Bertrand de Born, archevêque de Bordeaux, premier antipape d'Avignon en 1308, bague en or avec ses armoiries gravées en creux (46).

Les débuts désastreux de la Guerre de Cent Ans : la bataille de Poitiers avec la bague du Prince Noir (47), et la défaite de Jean-le-Bon suivie de sa captivité en Angleterre. Nous l'y suivons avec les

14   Quicherat, *Hist. du costume en France*, Paris, 1877, p. 177 et suiv.
15   Chassant et Tausin, *Dict. des devises*, Paris, 1878, p. 66.

comptes de son argentier mentionnant le 21 juillet 1359, à la veille
du retour du roi en France, l'achat, pour son usage, de « deux
anneaux d'or ès quiez a deux pierres taillées en chacune desquelles
a une estoile », payés 5 nobles valant 33 solz 4 deniers [16]. Des anneaux destinés peut-être à de nouveaux chevaliers de l'ordre de
l'Etoile, le premier Ordre de cour, qui servira de modèle à celui
de la Toison d'or, institué un siècle plus tard, et dont nous retrou-
verons, au XVIIIe siècle, l'insigne au doigt d'une princesse française.

Charles V, dit le Sage, et le rétablissement de l'ordre dans le
pays et les finances. Sa politique avisée et prudente qui contraste
avec la fougue belliqueuse de son prédécesseur, Jean le Bon, n'est-
elle pas tout entière dans l'emblème gravé sur le chaton tournant
de la bague de son chambellan, Perceval d'Enneval (48)? Une
tête de chien d'un côté, un chien avec une clochette au cou, de
l'autre : la persévérance calme dans la fidélité et le devoir...
    Les vendredis, le roi porte une bague spéciale réservée à ce
jour, dite l'annel des Vendredis... « lequel annel est neellé et y est
la croix double, noire de chaque costé, où il y a un crucifix d'un
camayeu, Saint Jehan et Notre-Dame, et deux angels sur les bords
de la croix ». L'Inventaire [17] qui donne cet article, édifie sur la
richesse du trésor royal en ce genre de bijoux : saphirs, émeraudes,
et surtout rubis, celui du roi Saint Louis donné au roi par la reine
Jehanne d'Evreux, celui de la duchesse de Normandie, mère du roi,
de la reine Jehanne de Bourbon, et quantité d'autres, dont quelques-
uns des dons, notamment de Mgr le Duc de Berry et du pape Gré-
goire XI...
    Cette ère de prospérité a une contre-partie : la part exagérément

16   Douet d'Arcq, *Comptes de l'argenterie des rois de France*, Paris, 1851,
         p. 209.
17   Labarte, *Invent. de Charles V*, art. 499, 502, 506, 511, 524.

large faite aux lettres encouragées par le roi, la décadence morale, l'abaissement de la force intellectuelle. Aussi le règne de Charles VI et la fin du siècle voient-ils la réaction du luxe. Avec ses folles prodigalités, le duc d'Orléans inaugure le xv° siècle comme roi des fêtes et père du plaisir. Alors qu'il n'est encore que « Mgr le duc de Thouraine », un article du journal de l'argentier du roi, pour le terme de la Saint-Jean, en l'an 1387, nous édifie sur son amour de la parure et de la mode. Jehan Vivier lui a fait et forgé trois anneaux d'or, deux « garnis d'un fin rubis, mis plantif en bisel dont les verges sont neellées, et le tiers esmaillé de blanc et garni d'une émeraude lesquels ont été faits et forgés de trois vielx annels, pour tout 8 l. 10 s. p. » Au-dessous fourniture analogue de trois autres anneaux d'or ; « l'un garni de trois petits diamants et la verge de l'annel néellée tout autour; le second garni de un diamant et la verge de l'annel esmaillée de rouge clerc tout autour; le troisième aussi avec un diamant et esmaillé de blanc ». Comme les précédentes, ces bagues avaient été faites et forgées de « 3 autres vielz annels ». Mais l'or de ces derniers n'avait pas suffi; il y a 16 sols parisis pour le « croissance » du métal nécessaire aux nouveaux bijoux « faits de grant peine » a ajouté l'artiste [18].

Et encore, devaient-ils être des plus simples, car les bijoux sont alors d'une variété sans pareille. Parfois des légendes, empruntées ou à l'Evangile ou aux Psaumes, ornent en lettres taillées d'épargne des bagues en or ciselé d'une grande richesse de décor. En voici deux : l'une est à chaton élevé, en entonnoir, serti d'une cornaline en cabochon; l'anneau biseauté portant la légende : *Deus in nomine tuo...* est divisé en segments par cinq fleurons saillants (49). L'autre présente un écusson octogone enchâssant une intaille antique autour de laquelle est gravé en creux : *Verbum caro fact*. Sur l'anneau à nervure médiane est taillée la même légende que sur la bague précédente (50). Mais le plus souvent, les bijoux représentent des emblèmes adoptés par les Seigneurs, indépendamment de leurs armoi-

18   Douet d'Arcq, *Nouveau recueil de comptes...* Paris, 1874, p. 203.

ries, parce que celles-ci étant communes à toute la famille, ne désignent pas la personne d'une manière assez reconnaissable. Charles VI a pour emblème le cerf ailé et la cosse de genêt, le duc de Bourgogne, un rabot avec la devise *Hic houd* (je le tiens), par laquelle il signifie qu'il aplanira le bâton noueux, l'emblème de son ennemi, le duc d'Orléans; et ces emblèmes délicatement découpés dans l'or ou l'argent, incrustés d'émail, garnie de grenailles de perles ou de brillants, forment tantôt des pièces de collier, tantôt des chatons de bagues [19]... Ils ont dû inspirer aussi les enseignes de plomb que portent au bonnet les factions dont les luttes ensanglantent Paris.

Les Anglais en profitent pour attaquer la France; c'est chez eux que nous trouvons un souvenir de la bataille d'Azincourt ; le baronet Waller y a fait prisonnier le duc d'Orléans et il fait graver pour chaton de son anneau une pierre où l'écusson de son captif est suspendu au noyer qui forme le cimier de ses armes [20].

Mais la bague qui parle le plus est celle de Jean-sans-Peur trouvée dans son tombeau en 1792 (51) ; il l'avait à son doigt quand il est tombé, en 1419, au pont de Montereau, sous le poignard des partisans du Dauphin et des Armagnacs, vengeurs de l'assassinat du duc d'Orléans et de l'alliance criminelle avec les Anglais.

Un autre personnage politique, et qui joue lui aussi un rôle important dans cette période funeste, le duc de Berry, un des oncles du jeune roi. Dans son inventaire, de 1516, figure « un annel où il y a une pierre dont Joseph épousa notre Dame, si (ajoute prudemment le notaire), comme dist Madame de Saint-Just qui donna ledit annel à M. S. [21] ».

Le duc de Berry n'est pas seul à posséder pareille merveille; l'église de Péronne se targue d'avoir, elle aussi, l'anneau de la Vierge. Et la dévotion naïve et crédule qui règne alors en France peut se satisfaire, sans quitter le royaume; les églises d'Apt et

19 Quicherat, *op. cit.*, p. 254.
20 Chassant et Tausin, *op. cit.*, p. 135.
21 De Laborde, *Emaux du Louvre* (glossaire), Paris, 1853, p. 132.

d'Aix-en-Provence [22] montrent avec orgueil dans leur Trésor, la première, l'anneau de Sainte Anne, la seconde, celui de Saint Jean-Baptiste qui guérit les maladies des yeux.

L'emblème a un caractère jusqu'à un certain point personnel. La devise, au contraire, se prête à toutes les situations, à toutes les banalités; aussi s'en donne-t-elle à cœur joie dans cette société affamée de raffinements. C'est une débauche de pensées, d'affirmations d'amitié et d'amour, d'invocations; véritable réplique, dans le bijou minuscule, aux mille fantaisies dont l'architecture a surchargé les constructions civiles à la fin du règne précédent.

La bague religieuse vient en tête, avec toutes les variétés dues aux dévotions spéciales des pèlerinages qui sont légion. Voici un type courant; l'anneau figure une courroie attachée par une boucle qui sert de chaton; sur le cercle, l'inscription : *Mater Dei, memento mei* (52). On lit sur une autre : *En Dieu me fie.* Le monogramme du Christ sur une bague en plomb (53) semble se rattacher à cette époque.

Quant aux devises mondaines, il y en a pour tous les cas de la vie courante. Mots ou pensées de morale : *Bien, Bien en tout, Tout pour bien, Tout pour bien feyre* (54), *Loialtes pase to, Sans départir* (55), *Sans vilenie, Je m'y atens, Je le di, cèle ton mal aux haineux envieux à celle la fin (qu'ils) n'en soient joyeux.* Devises galantes, les plus nombreuses : *Une fame nominative a fait de moi son datiff Par sa parole genitive En dépit de lacusatiff Mamour est infinitive Je veu estre son datif; Mon cuer aves, C'est mon dezir, C'est tout mon decir, Tout mon dezir, A tant oublie, Dung seul regart vous doibt suffire, Pour vous pensif, La vaultre merci, Joa sans fin, Mercy bien, De bon cuer, Un bon an, Sans mal penser, Tout a part, Amor meus, Aultre ne veil, En bonne foy prenes, De mamour soiez sure, Ames dame noblement* (56). Devises plus spécialement d'anneaux nuptiaux ou de fiançailles : *Mon cuer est réouis aussi doit-il aimer Dieu,* à l'extérieur d'un anneau à deux chaînons se dédou-

22   *Inventaire des reliques de l'église d'Apt,* 1636.

blant; à l'intérieur : *a mogré je ne puis mieux aieu choisir, Je vous tiens foi gardez-la moi.* Devise d'anneau de veuvage en or émaillé constellé de larmes : *Mors amica.*

Nous avons peut-être anticipé, car ces bijoux de fantaisie et généralement luxueux se répartissent sur la plus grande partie du siècle; mais quelque soit leur intérêt, et historique, et artistique, car ils représentent le moyen âge le plus raffiné, ils disparaissent devant un modeste et pauvre petit anneau. Celui-là rayonne au-dessus d'eux et les rejette dans l'ombre ; c'est l'anneau de la grande Sainte Française, l'anneau de Jeanne d'Arc, que toutes les femmes viennent toucher de leur anneau ou de leurs doigts comme une chose sacrée, partout où elle passe; l'anneau que ses juges incriminent dans son procès odieux, et qu'elle estime parce qu'il y a trois croix, sans autres signes que les noms de *Jhesus* et de *Maria.* Elle jette volontiers les yeux sur lui, « quand elle va à quelque fait de guerre, et par complaisance et à cause de l'honneur de son père et de sa mère »; elle-même « avec cet anneau à son doigt et à sa main a touché à Sainte Catherine lui apparaissant visiblement... »

Petit anneau de laiton de la campagne bourguignonne (57), qui domine en l'écrasant de la grandeur de son sacrifice et de sa mission, la bague d'or de Talbot (58) qui l'a faite prisonnière. Il ne remplira pas seulement la fin du siècle; il dominera désormais l'histoire de la France dont il a cimenté, sur le bûcher de Rouen, l'unité territoriale et religieuse. Il éclipse tout, jusqu'au règne de Louis XI qui tirera vengeance et de la maison de Bourgogne et des Anglais.

Un diamant fameux que « le Florentin » de 139 carats et demi et estimé aujourd'hui à 30 millions de livres : Charles le Téméraire l'avait à son doigt, enchâssé dans une bague, lorsqu'il tomba, frappé à mort, en 1475, sous les murs de Nancy. Un paysan le prit en découvrant son cadavre nu et à moitié dévoré par les loups et le vendit pour quelques écus. La gemme devint la propriété des Médicis, au trésor desquels il appartint, avant de passer dans la famille des Habsbourg. Un bijou parlant, celui-là, car il évoque la rivalité romanesquement dramatique du duc de Bourgogne et de Louis XI; il a dû hanter souvent l'esprit de ce dernier, se plaisant à comparer la prodigalité et le luxe ruineux qui allaient de pair avec le caractère aventureux et orgueilleux de son ennemi, aux médailles et emblèmes religieux en plomb, dont s'ornait son bonnet légendaire. Quelques méchantes bagues de pèlerinage ont dû les appareiller sur son costume. C'est du reste un simple anneau en bronze doré, ne portant d'autre inscription que les mots *R. Francie* [23], qu'il se contente d'envoyer comme gage d'investiture à Francisco Sforza, duc de Milan, pour lui céder, moyennant hommage, la ville de Savone et les droits que la France prétendait sur Gênes.

Sortie de l'oratoire sombre de Plessis-les-Tours, cette bague précède en Italie les expéditions aventureuses de Charles VIII et de Louis XII. Le premier « part de son royaume, et n'ayant pas fait la moitié de son chemin, l'argent luy faut; dont est contrainct d'emprunter les bagues de madame la Duchesse de Savoye, et de madame la Marquise de Montferrat, toutes deux très-bonnes françaises, royales et charitables, qu'il engagea très-bien pour 24.000 livres [24]. » Le mot *bagues* est encore alors, il est vrai, synonyme de bijoux et tous objets précieux d'un maniement et d'un transport facile (*bagages*), mais il devait se trouver dans ces richesses nombre de nos héroïnes. Brantôme ne nous renseigne pas sur leur sort. Elles ont

23   Musée de Bologne.
24   Brantôme, *Œuvres complètes*, Paris, 1866, t. II, p. 286.

heureusement des sœurs plus modestes, qui, elles, ont franchi les
Alpes et ce ne sont pas les moins curieuses. Elles servent à une mode
bizarre, que nous révèle l'un des arrêts d'amour de Martial d'Auvergne, et qui avait apparu en France à la fin du règne de
Charles VII. C'est « l'amour désolé au pied », le signe des amoureux déconfits et désabusés; des anneaux et verges (bagues) d'or,
engagés dans les lacets de leurs souliers[25]. Les chevaliers français
apportent la mode en Italie. Les élégants du pays, à l'affût des nou-
veautés galantes, s'empressent de l'adopter, et on la retrouve à
Venise au XVIe siècle, quelque peu exagérée et dénaturée. A côté des
fameux *ricordini*, échangés par les amoureux, anneaux de forme
variée, qu'on attache à la bouche de petits masques d'où s'échappent
des rubans garnis de perles fines, les amants en portent, en signe de
triomphe, au petit doigt du pied gauche, sortant de la chaussure
échancrée[23].

Louis XII se présente avec cette bague de plaisir en or, offerte
par la duchesse Anne à ses dames d'honneur et à ses suivantes, un
souvenir du mariage qui conserve la Bretagne à la France (59). Le
bijou a un pendant : cette belle série de bagues corporatives d'argent massif doré, un chef-d'œuvre de métier peut-être, sur le chaton desquelles ont été ciselées en haut relief les armoiries des cor-
porations de la ville de Paris, merciers (60), foulonniers (61),
bateliers (62), apothicaires (63), charpentiers (64), poisson-
niers (65). Ne rappelle-t-elle pas l'administration bienfaisante du
Père du peuple, et la renaissance de la prospérité commerciale qui
prépare le terrain à celle des Lettres et des Arts, éveillée par le
contact avec l'Italie?

Le règne de François Ier ouvre l'époque de la Renaissance, renais-

25   Quicherat, *op. cit.*, p. 351 et suiv.
26   Tassini, *Feste, spettacoli, divertimenti è piaceri di antichi Veneziani*,
     Venezia, 1890, p. 118, 119.

sance dans les Arts comme dans les Lettres et par suite, dans la parure. Le roi est propice à la toilette, qu'il n'aime pas seulement pour lui-même, mais pour sa Cour qu'il veut brillante et réunissant, ce qui est une innovation, la fleur de la noblesse des deux sexes. Aussi, la parure des hommes désormais mêlés aux femmes, entre-t-elle dans les mœurs, et cela dans toutes les classes. Les anneaux des dames du galant monastère de Thelème sont enrichis de fines pierreries [27]. La devise fameuse que grave le roi avec son diamant sur une vitre de Chambord : *Souvent femme varie...* peint bien son caractère, et la bague qu'il envoie, sans un mot, au Sultan, le soir de la bataille de Pavie, en 1525, évoque la fin de son règne d'aventures hasardeuses. Ce même jour, François de Bourbon-Vendôme, comte de Saint-Paul, devait la vie à la sienne. Laissé pour mort au camp, après avoir reçu treize blessures, il était dépouillé et tout en chemise, lorsqu'un espagnol ne pouvant arracher sa bague de son doigt, le lui coupait, pour la prendre. La douleur le faisait crier, reconnaître et apporter avec le Maréchal de Foix, dans Pavie, au logis de la marquise de Scadalfol [28].

Dans cette époque qui marque une « extraordinaire expansion de fécondité intellectuelle », notre sujet nous permet d'associer au nom de François Ier, qui l'avait appelé à la Cour fastueuse de France, celui de Benvenuto Cellini, le plus célèbre orfèvre et ciseleur de son temps. L'artiste y laissa certainement d'autres œuvres de lui que celle de Fontainebleau, notamment des bijoux et des bagues, comme en était assoiffé ce milieu d'un goût raffiné; on s'en convainc à lire entre ces lignes écrites par lui dès son retour en Italie : « A Florence, après mon voyage en France, la Duchesse me donna, pour le monter en anneau, un petit diamant... je le terminai en peu de jours. Cet anneau était pour le petit doigt; j'y représentai quatre petits enfants en ronde bosse et quelques masques qui formaient l'anneau. J'y entremêlai aussi des fruits et d'au-

---

27 Quicherat, *op. cit.*, p. 351 et suiv.
28 Montluc, *Commentaires* (Ed. Michaud), p. 14.

tres ornements émaillés, de façon que le brillant et la monture
faisaient un bel effet... La Duchesse, qui m'en témoigna satisfaction,
l'envoya en présent au roi Philippe II [29] ».

Faute de ne pouvoir présenter au lecteur une des bagues belli-
fontaines du grand artiste, en voici un beau type de la Renaissance,
bague populaire (66), où rien n'a été sacrifié au luxe (elle est en
argent doré et un simple verre sur paillon figure un rubis), mais
qui est d'un bel art français avec les arcatures vigoureuses du
chaton harmoniées, pour la soudure au jonc, à un décor emprunté
à la figure humaine.

Benvenuto Cellini nous a conduits en Italie. Nous en sortons
avec Catherine de Médicis qui vient s'asseoir sur le trône de France
à côté de Henri II; un souvenir de cette union que cette petite bague
dont le chaton ovale porte le monogramme des royaux époux entre
deux S barrés (67), pièce de plaisir ou de joyeux avènement.

La nouvelle reine en a une au doigt qui ne la quitte point, un
diamant avec trois plumes d'autruche, pour indiquer que celui qui
la porte restera invincible au milieu des peines, avec la vieille
devise des Médicis, *Semper adamas in pœnis*, un jeu de mots sur
peine et *penne*.

L'a-t-elle mise à la mode? Le fait est qu'elle est fort en usage
de son temps. Montaigne parle de ces anneaux « qui sont entortillés
en forme de plumes et qu'on appelle en devise *penne sans fin*... il
n'y a œil, dit-il, qui en puisse discerner la largeur, et qui se sceut
deffendre de cette piperie, que d'un costé, elle n'aille en s'élar-
gissant. »

La magie est fort en honneur, et Catherine de Médicis donne
là encore le branle avec son astrologue Ruggieri et avec sa pa-

29   *Vie de Benvenuto Cellini, écrite par lui-même,* trad. Leclanché, Paris,
      1881, p. 154, 155.

rure. Elle porte des bagues ornées de caractères cabalistiques, des amulettes orientales, des scapulaires confectionnés d'après les rituels de la haute magie, des cornes de licorne. Quand La Motte est arrêté et mis au secret, sous l'inculpation de conspiration, elle fait ordonner par Lansac au procureur général La Guesle d'ôter au prisonnier les anneaux qu'il porte au doigt, lui a-t-on dit, de voir ce que c'est et les garder [30].

Les recettes de talisman abondent à cette époque. Corneille Agrippa écrit la recette de la bague pour se rendre invisible. Il suffit de s'en fabriquer une avec quelques-uns des poils qui tiennent à la tête de l'hyène, d'enchâsser dans le chaton une petite pierre que l'on trouve dans le nid de la huppe, et de la laisser pendant neuf jours dans le nid de cet oiseau!

La bague entre aussi dans la thérapeutique, non pas à cause des pierres qu'elle supporte, une tradition permanente qui sort de notre sujet, mais par le métal dont elle est faite. Un anneau de « letton » porté au petit doigt est un remède contre le « masclou », et le haut-mal; contre « le mal de maire, il faut porter au doigt un anneau qui soit de trois filets entortillés : l'un d'argent, l'autre de letton, le tiers de fer [31] ». L'anneau talisman radio-électrique de nos jours possède, comme on voit, des ancêtres respectables.

Une autre figure de contemporaine dont le nom évoque le charme de la grâce et la poésie du malheur, Marie Stuart, dont trois bagues sont restées jusqu'à nous, toutes trois romanesquement tragiques, comme des reliques sanglantes : Son anneau d'argent avec camée de chrisophase [32]; la bague à son chiffre et à celui de François II; enfin « Christie », l'anneau fameux avec un diamant en cœur (68), dont elle avait fait présent à la reine Elisabeth et qui la

---

30   E. Defrance, *Catherine de Médicis, les astrologues et les magiciens envoûteurs*, Paris, 1911, p. 187 et 215.

31   Laurens Joubert, *Segonde partie des erreurs populaires... touchant la médecine.* Paris, 1580, p. 218.

32   Dr J. Szendrei, Cat. de la coll. de Mme G. de Tarnoczy, Paris, 1889, IV, n° 68.

vengea de son impitoyable rivale, en passant au doigt du comte d'Essex.

*
* *

Les guerres civiles du XVIᵉ siècle, avec leurs ruines et leurs horreurs, n'ont pas éteint le goût de la parure. A la fin du siècle, sous Henri III, les hommes portent plus que jamais des bagues richement ornées. Le roi aime à la folie les bijoux et les diamants, les pierres fines, les perles; il s'en pare comme une châsse et donne le ton en faisant hausser le prix des joyaux. La bague d'un de ses mignons le plus fastueux, le duc d'Epernon, a toute une histoire. La cornaline qui l'orne a été gravée pour commémorer un accident étrange qui lui est survenu en 1585, près de Lyon, lorsqu'il se rendait dans cette ville, appelé avec instance par le roi, après son entrevue à Pau avec Henri de Navarre qui l'avait comblé d'une faveur extraordinaire. Alors que la Cour, montée à cheval, était venue au-devant de lui pour honorer son arrivée, un des survenants ayant embarrassé par mégarde le bout de son épée à la bride du cheval que montait le duc, le cheval s'emporta et le jeta dans un précipice effroyable qui a gardé le nom de Saut d'Epernon. Le cheval tombait à plomb sur ses pieds, soutenait la pesanteur de la chute et était tué sur le coup, et le duc en était quitte pour une blessure peu dangereuse à l'épaule. L'événement servait de thème à tous les beaux esprits de la Cour, et des emblèmes qu'on lui proposait, l'un d'eux lui plaisait par-dessus tout; il était représenté dans sa chute fatalement mortelle, soutenu par une Fortune qui le sauvait en s'écriant : « *E per non lasciarti mai* [33] ».

*
* *

Le XVIᵉ siècle est rempli par les guerres de religion. La Ré-

33 *La vie du duc d'Epernon*, Amsterdam, 1736, p. 33.

forme, leur origine première, évoque d'abord le nom de Luther,
qui bien qu'étranger, prend place, à ce titre, dans cette galerie,
par deux de ses bagues : sa bague de fiançailles d'abord, que sa
femme, Catherine Bora, dut engager pour ne pas mourir de faim.
Elle est en or, ornée d'un rubis et entourée d'images de la passion,
ciselées avec art : des dés, un roseau et la croix où est attaché
l'Homme-Dieu; au dedans, on lit le nom de l'époux et la date des
fiançailles, 13 juin 1525.

La seconde, sa bague de mariage, a disparu. Elle s'ouvrait en
deux et était surmontée d'un rubis et d'un diamant. En dedans,
étaient les initiales des époux : C. V. B.-M. L. D; au dehors, était
gravée en creux la devise allemande : *Que l'homme ne sépare pas
ce que Dieu a uni* [34].

A un coreligionnaire probablement a appartenu un anneau d'or
du XVIe siècle qui porte la même devise en latin : *Quod Deus con-
junxit homo non separet* [35].

En face, et comme leur faisant pendant, se dresse toute une
série de pièces religieuses, anneaux de bronze et bagues de toutes
sortes, qui sont les affirmations énergiques des convictions nationales et traditionnelles du siècle. Toute la passion religieuse du
XVIe siècle est là, préface de la Ligue, dans ces pauvres anneaux
de bronze sans valeur, frappés au coin d'une foi commune. Ils sont
de deux types. Les premiers présentent, gravé généralement en creux
sur une plaque mince de même métal, soudée à l'anneau, le monc-
gramme rituel I H S (69-70) qui se trouve déjà au XIVe siècle.
Quelques-uns sont plus luxueux : sur une bague d'argent de vigou-
reuse facture artistique, le monogramme est en taille d'épargne (71).
D'autrefois, il est inscrit dans un cœur.

Sur l'autre type se lit l'inscription *Memento mori*, la devise favorite de Henri III, et l'un de ces anneaux modestes a certainement
orné le doigt du roi, costumé en pénitent, dans les fameuses proces-

34　　Audin, *Hist. de la vie, des écrits et des doctrines de Luther*, Paris,
　　　　1846, t. III, p. 506.
35　　British Museum, *Cat. Dalton*, n° 992.

sions nocturnes de flagellants et autres cérémonies, où il se plaisait
à étaler des pratiques de dévotion singulière.

Ces pièces constituent une exception remarquable dans la série
des bagues populaires n'ayant eu toutes qu'une existence éphémère,
et par suite devenues rarissimes. Le nombre très important qu'en
présentent les collections [36] témoigne de leur énorme vulgarisation
et cela pendant une très longue période de temps.

Nombreux aussi et se rattachant à elles, comme signification et
comme date, sont les anneaux à dix grains extérieurs en saillie,
peut-être utilisés comme dizaine de chapelet, et parfois surmontés
d'une croix (72-73), qui paraissent avoir été surtout des anneaux
de morts.

Quelques pièces détonnent par leur richesse et le luxe de leur
décor. Une bague de femme en ivoire, probablement une bague cachet, porte gravé en creux, sur le chaton, le Crucifix entre la Vierge
et Saint-Joseph ; en exergue, se lit la légende : *In hoc signo
vinces* (74).

Une autre en or est ciselée et émaillée; le chaton d'émail bleu
porte un calice d'or gravé aux lettres B. C. avec la date 1572 et
surmonté de l'Hostie. Le revers du chaton est à godrons émaillés
blanc, et ponctués de noir [37].

En 1599, M. de Charmolu lègue par son testament à M. de Be-
langue une bague en or « où il y a un crucifiement pourtrait en si
petits espaces que c'est un chef d'œuvre..., il est couvert d'émail »,
ajoute le donataire, dans son admiration pour ce bijou [38].

Dans cette galerie religieuse qui embrasse les trois quarts du
siècle, la Ligue se détache en relief vigoureux par son épisode le
plus saillant. Le drame de Blois revit, avec cette bague en or, retirée
du doigt encore chaud du duc de Guise tombé sous le poignard des

---

36   Le savant cat. Dalton mentionne 17 anneaux à monogramme IHS
      (n⁰ˢ 794 à 810) et 21 à la devise *Memento mori* (n⁰ˢ 811 à 831).

37   Coll. Comte de la Beraudière, 1885, n° 551.

38   V. Gay, *Glossaire arch. du moyen-âge et de la Renaissance*, Paris,
      1887, t. I, p. 101.

Quarante-Cinq, et que le Grand Prévôt de France, François du Plessis de Richelieu, père du futur Cardinal, apporte, par l'ordre du Roi, à la duchesse de Nemours, la mère de la victime.

Le nom de Guise est devenu le cri de ralliement de la Ligue; son effigie, le signal de reconnaissance. Les conjurés la portent au doigt, frappée en relief sur le chaton d'un anneau de bronze (75) : une œuvre digne des grands médailleurs de la Renaissance que ce médaillon minuscule, bijou populaire trouvé à Lyon, le siège de l'Union, et qui n'a pas eu, malheureusement, comme les pamphlets d'alors, la bonne fortune de trouver un l'Estoile, au temps de sa vogue.

La Ligue encore, maintenant dans la période de guerre contre Henri IV. Dans le début de ses campagnes pour la conquête de son trône, celui-ci, livré à ses maigres ressources, se trouve dans la plus effroyable détresse, et réduit à vivre à la table de ses officiers. Il en est de même des grands. L'un d'eux et non des moindres, le propre duc d'Angoulême, devait jeter, de temps à autre, un regard de reconnaissance sur le saphir qu'il portait au doigt. Il lui devait non pas la vie, mais à peu près. Un soir, un officier anglais, émerveillé de sa grosseur, et le prenant pour un diamant, lui offrait de le jouer contre cent mille écus. Le Duc ne le détrompait point et gagnait la partie, ce qui lui permettait enfin de manger à sa faim [39].

La fin des guerres de religion et la renaissance de la prospérité publique, dans le camée-cornaline de cette bague en or, à l'effigie de Henri IV (76), à laquelle fait pendant cette autre d'un de ses vieux compagnons d'armes (77). Quant au roi lui-même, sa personnalité légendaire de vert-galant est révélée d'une façon piquante par l'inventaire de Gabrielle d'Estrées. Dans l'énumération de « ses bagues à mettre au doigt », suivie de la mention de leur prisée, figu-

39   Duc d'Angoulême, *Mémoires* (Ed. Michard), p. 81.

rent : « une esmeraude gravée où est la peinture du roy, 40 escus...
une bague d'or à la turque garnie de quinze diamants et un cristal
dessus où est la peinture du roy, 120 escus; un rubiz gravé où est
la peinture du roy, garny de rubis et de diamants, 100 escus; une
bague d'or où il y a une médaille d'acier, gravé est le portrait du
roy, 2 escus [40] ». Si cette dernière n'a arraché qu'un soupir au ména-
ger Sully, on peut, en revanche, s'imaginer sa grimace devant les
autres libéralités qui ont dû provoquer plus d'un accès de colère
de Marie de Médicis. Et l'on peut aussi constater que la réputation
d'esprit pratique du roi populaire n'avait rien de surfait, quand on
voit figurer dans cette liste, « un diamant en table que madame de
Sourdis a dit estre celuy duquel le roy a espouzé la reyne », prisé
900 escus [41] ».

*
* *

Grâce au journal minutieux de son médecin Heroard, Louis XIII
entre ici en scène dès le berceau. A l'âge de deux ans, il contemple
avec ravissement à son doigt une petite turquoise que sa mère a
retirée du sien pour la lui donner. A onze ans, un anneau de cuivre,
« où il y a un cadran » que porte Beringhen, l'un de ses valets
de chambre, est l'objet de sa convoitise. Le jeune roi se divertit fort
à prendre avec de la cire d'Espagne les empreintes des pierres gravées des bagues de son médecin, un lion et un Hippocrate, en cornaline antique. Enfin, son goût pour le dessin nous est révélé par sa
déconvenue, en ouvrant les écrins qui renferment ses étrennes du
1er janvier 1614, l'année de son couronnement, bagues, diamants et
autres belles pièces auxquelles il aurait préféré des bagues de
moindre valeur, mais ornées de figures [42].

L'histoire de sa mère se confond avec la sienne, ce qui justifie

40   V. Gay, *op. cit.*, p. 101.
41   De Laborde, *op. cit.*, t. II, p. 132.
42   Heroard, *Journal*, Paris, 1868, t. I, p. 31, 333, 334; t. II, p. 63, 129,
      142.

sa place. Elle l'occupe d'abord par son engouement ou plutôt sa passion pour tout ce qui est orfévrerie ou joaillerie, passion qui a été plus ardente que chez n'importe quelle autre reine de France. Dans ses écrins, deux bagues, entre toutes, ont leur histoire. L'une est un diamant très gros enchâssé, un cadeau inattendu d'un compatriote avisé, le marchand Fioravanti, devant l'hésitation de la reine à y mettre le prix demandé, 18.000 livres. L'autre bague en or rappelle par sa date le mariage espagnol, autour duquel se sont déroulés tant de polémiques et d'intrigues ; les portraits de Louis XIII et d'Anne d'Autriche, l'infante d'Espagne, sont peints en miniature sur le chaton, recouverts d'un large diamant taillé à facettes. Le bijou a été acheté en 1613 à Gilbert Hessing pour 1.050 livres [43].

A côté de la reine-mère, sa favorite, Léonora Galigaï ; mais elles sont séparées depuis la fin tragique du Maréchal d'Ancre, et c'est dans le procès intenté à sa veuve, que nous retrouvons, à propos de bagues, la communauté de croyance à l'occultisme qui était certainement l'un des liens qui unissait les deux femmes. Parmi les dépositions des témoins, dans la cause odieuse qui se dénoua sur la place de Grève, figure celle d'un ancien juif d'Avignon, chrétien depuis cinq à six ans, Philippe d'Aquin, quelque peu versé dans la cabale. Il reconnaissait avoir donné à la Maréchale « une bague de pierre sur laquelle estaient gravez en hébreu ces mots : *Adonay Roph ecca*, qui est à dire *Dieu te médicinera*. Le Maréchal lui avait fourni, ajoutait-il, ces mots sur un petit mémoire pour les graver, et lui dit que ce serait une bague de bonheur [44] ».

Un autre familier de Marie de Médicis, qui a déjà paru, le célèbre demi-roi, le duc d'Epernon. En le quittant en 1619, à son départ d'Angoulême, pour aller trouver le roi, la reine-mère lui donnait un diamant en cœur, l'une des pierres les plus belles et les

43   L. Batiffol, *La vie intime d'une reine de France*, Paris, 1898, p. 411.

44   F. Hayem, *Le maréchal d'Ancre et Leonora Galigaï*, Paris, 1910, p. 249.

plus grandes qu'il y eut en France, en le priant de le porter au doigt
en souvenir d'elle. C'était l'unique récompense de son dévouement
dans l'évasion romanesque de Blois, et de ses dépenses à son service
qui dépassaient 200.000 écus [45] !

Mais ces personnages ne sont que des comparses à côté de
l'homme dont le nom remplira le monde, et qui est d'abord la créa-
ture de la reine, avant de devenir son adversaire. A cette époque, cet
homme, le futur cardinal de Richelieu, en est encore à sa première
phase. Il apparaît ici, au milieu des intrigues de Cour qui ont suivi
l'Assemblée des Notables à Rouen, en décembre 1617, au plus fort
des démêlés entre le Roi et sa mère. L'anecdote provient d'un ennemi de Richelieu. Ce dernier s'employant à maintenir la désunion
entre la mère et le fils, pour se rendre indispensable, fait demander
à celle-ci une bague pour témoigner à Bournonville, un agent secret,
qu'elle agréait ses services. « La reine, surprise de ce discours, fit
quelque difficulté pourtant de donner cette bague, pour ce qu'elle
ne pouvait rien donner qui fut digne d'elle, promettant d'en faire
acheter une à Paris, mais il la pressa si fort qu'elle en prit une de
ses femmes pour lui donner, laquelle l'évêque de Luçon porta à
Deagent qui en fit mettre en cuivre une semblable qu'il fit donner
à Bournouville de la part de la reine, comme si elle la lui envoiait
sans qu'il l'ust demandé. Après cela, on donna des appréhensions au
Roi que tous les grands avaient dessein de se rendre maîtres du
Louvre, de faire venir la reine par carosses de relais, la rétablir en
toute authorité et que tous ceux qui estoient de ce dessein portaient
une bague bleue au doigt qui était le signal auquel ils se reco-
gnoissaient [46]. »

Mais celle-là ne touche qu'indirectement le Cardinal de Richelieu ; en voilà une qui évoque sa vie intime et ses infirmités lamen-
tables. La pierre brunâtre, sertie dans des griffes d'argent, qui lui
sert de chaton (78), est un « bezoard », sécrétion de chèvre du Thibet,

45 *La vie du duc d'Epernon*, p. 341.
46 Duc de Rohan, *Mémoires*, Amsterdam, 1693, p. 83, 84.

qui passe alors pour être un remède souverain à tous les maux. En 1612, le général des Chartreux lui en envoyait une comme un don précieux, et la lettre de remerciement de Richelieu prouve le cas qu'il en faisait.

Le cardinal ne prisait pas moins les bagues de luxe, dont il avait une collection remarquable comme valeur, et artistique et intrinsèque ; il les utilisait même à l'occasion pour les affaires d'Etat. A l'époque critique du siège de La Rochelle, il était obsédé par le manque d'argent nécessaire aux opérations militaires. Il en cherchait pour les bateaux, les munitions, le ravitaillement des troupes. Après avoir avancé à l'Etat tous les fonds personnels dont il pouvait disposer, il frappait à toutes les bourses et donnait ses bagues en gage. « Le Cardinal est bien heureux de ne plus être évêque, écrivait La Milletière, un agent des Huguenots, car il a mis tant de bagues en gage pour envoyer des munitions aux isles qu'il ne luy en reste pas de quoy donner la bénédiction épiscopale [47]. »

Il n'avait pas peu de mérite à se séparer de ses bijoux, car il savait les apprécier : « Les bagues que vous m'avez envoyées, écrivait-il un jour à Chavigny, ne sont ny belles, ny propres pour faire présent, et le prix n'en est pas raisonnable. »

Il les léguait toutes avec ses pierreries, à sa nièce, la duchesse d'Aiguillon, par son testament fait à Narbonne, en 1642, peu de temps avant sa mort, et en dictant cette volonté, dans son lit, il a dû en excepter mentalement, en lui jetant un regard de tristesse, la bague qu'il portait au petit doigt et avec laquelle il fut enseveli. Elle nous a valu de posséder encore cette relique du grand homme d'Etat, car lors de la violation de sa sépulture, en 1793, elle tenta assez la cupidité d'un maçon pour qu'il coupât le doigt pour s'approprier ce bijou.

Quelques mois après le cardinal, Marie de Médicis dictait son testament dans l'exil, et les bagues rappellent même dans cet acte,

47   Avenel, *Lettres du card. de Richelieu*, t. I, p. 99 ; t. II, p. 257 ; t. VII, p. 207.

leur inimitié : ce diamant en cœur monté en bague légué à la duchesse d'Orléans, et cette bague moins précieuse laissée comme souvenir au Président Le Cogneux qui avait épousé ses rancœurs et
s'était compromis pour elle dans la *Journée des Dupes.*

Les passions religieuses sont restées ardentes au début du
XVIIe siècle; les « zélés » n'ont peut-être pas de signe de ralliement
comme leurs pères les Ligueurs, mais à l'un d'eux a dû appartenir
certainement cette bague en plomb au décor espagnol (79), dont les
emblèmes particuliers à l'ordre des Jésuites rappellent leurs démêlés politiques avec Richelieu, et leurs fameuses controverses théolo-
giques.

Décor espagnol encore qui reflète, ainsi que le sujet, l'influence
de l'Espagne, dans les arts, dans la mode, à la Cour, avec ces deux
bagues en argent, de prélat ou d'abbé, dont le chaton creux, ovale
(80) et octogonal (81), présente dans le fond, estampé en relief,
Saint Antoine portant l'enfant Jésus.

Les années de troubles et de misères de la Fronde nous envoient
un écho avec l'une des bagues de l'élève et successeur de Richelieu.
Le saphir, la pierre cardinalice par excellence, d'après une vieille
tradition, était sa pierre de prédilection et sa riche collection de
bijoux en renfermait plus de deux mille. Voici l'empreinte de l'une
d'elles formant chaton (82). Mais s'il était passionné de saphir,
Mazarin, en bon Sicilien, n'en était pas moins très superstitieux. Or,
au XVIIe siècle, le saphir portait malheur, et pour concilier son
goût avec sa superstition, il avait fait décorer d'un signe pieux tous
ceux de ses saphirs susceptibles de recevoir une gravure. Voilà pour-
quoi ce saphir fort beau, d'un poids de 16,1 carats, qui nous a été
obligeamment communiqué par son possesseur, a été déprécié par
la gravure d'une croix et du mot *Ave.*

*
**

Entrons maintenant dans la Maison royale. La reine mère Anne
d'Autriche, s'y présente à nous par sa bague d'or émaillé, portant
au chaton son monogramme couronné et sur le jonc la devise : *Je
vive éternellement* (83). Elle a d'illustres hôtesses. La première est
Marie de France, la Veuve infortunée de Charles 1er, dont le portrait
finement dessiné à la plume, garnit sous verre le chaton de cette
bague en or; au revers, est gravée la date de l'exécution du roi,
30 janvier 1649, au-dessus du mot *Remember* (84), le dernier qu'il
adressa sur l'échafaud à l'évêque Juxton.

Avant d'arriver à la cour de France, la seconde, Christine de
Suède, a visité Venise. Un souvenir de cette ville, sorti sans doute
d'un atelier de Murano, que cette bague d'argent dont le chaton
bordé de strass, montre son portrait de profil en verre blanc sur fond
vert (85). A sa main crasseuse, elle s'est peut-être frottée en 1656,
aux draps du lit de satin blanc en broderie d'or, légué par le Cardinal de Richelieu à Louis XIII, qui orne l'appartement décoré de la
fameuse tapisserie de Scipion où elle est logée. Peut-être a-t-elle
effleuré la main du jeune Louis XIV qui déploie ses grâces juvé-
niles pour la célèbre et fantasque visiteuse !... [48].

*
**

Le grand siècle ! Les livres des joailliers du roi fournissent des
jalons si nombreux que nous devons nous contenter de signaler les
principaux. La bague fait, en effet, alors partie, comme les autres
bijoux et objets précieux, boîtes et portraits, des présents diplomatiques, de même qu'elle sert à des cadeaux d'un intérêt particulier.
C'est ainsi que sont mentionnés : la campagne de Hollande de 1682,

48   Mme de Motteville, *Mémoires* (Edit. Michaud), p. 449-451.

les relations avec l'Angleterre, l'Espagne, Rome et ses Cardinaux,
Gênes, les princes Allemands, le dey d'Alger, les envoyés de Siam.
La victoire gagnée par Monsieur, près de Saint-Omer en 1687, vaut
à M. d'Effiat qui en a apporté la nouvelle, une bague d'un diamant
de 4.500 livres. Les événements qui touchent directement la famille
royale donnent lieu à des présents du même genre : le baptême du
duc de Valois en 1674, de la princesse d'Enghien en 1685, la ma-
ladie de la Dauphine en 1690, le mariage du duc de Bourgogne avec
Adélaïde de Savoie en 1696, la mort de Monseigneur en 1711...

La vie de Cour a aussi sa place dans ces registres : on la voit
défiler dans tout son faste, avec ces quelques articles puissamment
évocateurs par eux-mêmes, dans leur laconisme commercial :

1680, 3 janvier. — Donné pour le Roi au comte de Marsan,
pour prix d'une course de bague et de tête, au Carrousel du Roi,
1 bague d'un diamant, 4.000 livres.

1686, 2 février. — Le roi donne une bague pour une loterie
chez la Dauphine : 5.270 livres.

1700, 11 septembre. — A mademoiselle Huot pour avoir chanté
à Meudon devant S. M. 2 bagues de 1 brillant, chacune 5.500
livres [49].

Le Roi Soleil est déjà sur son déclin, comme il apparaît en profil
sur l'intaille du chaton de cette bague en or faite pour le doigt d'une
femme (86), et le bijou ne peut avoir de pendant plus justifié que
cette autre ornée de la miniature de madame de Maintenon (87).

A ce dernier nom s'associe intimement celui de la maison de
Saint-Cyr, qui se présente ici à son époque la plus brillante. La
Supérieure nommée par la fondatrice, madame de Brinon, a perdu
la tête, affecte des airs de princesse et de protectrice, se livre à des
dépenses folles, s'est aménagé un appartement somptueux ; elle a
fait de la maison de retraite un cercle mondain; ses élèves favorites,
devenues en grande partie ridicules par la haute opinion qu'elles
ont d'elles-mêmes, lui font une cour qui singe le ton de Versailles.

49   Maze-Sencier, *Le livre des collectionneurs*, Paris, 1885, p. 754, 755.

Cette bague d'or minuscule, portant en émail sur fond bleu le portrait de l'illustre patronne coiffée du haut bonnet classique, au
chaton affronté de deux fleurs de lys d'or de couleur et de diamants (88), a paré, sous le gant de moire, la main d'une de ces
demoiselles qui portent au chœur le long manteau et la croix d'or,
comme d'orgueilleuses chanoinesses. Au doigt d'une des plus âgées
(les trois autres classes la portent respectivement sur fond rouge,
vert et jaune) elle a peut-être entendu *Athalie et Esther* et écouté
Racine présidant aux répétitions... Il faudra que le scandale devienne
assez grand pour que madame de Brinon soit renvoyée par lettre de
cachet le 10 décembre 1688, et que tout rentre dans l'ordre [50].

La bague de Saint Cyr a évoqué l'une des gloires littéraires du
Grand Siècle. Une autre, plus modeste, évoquera leur maîtresse à
toutes. Cet « anneau constellé », un vulgaire anneau d'argent portant en relief un semis d'étoiles, qui passe pour guérir les égare-
ments d'esprit, a inspiré à Molière l'une de ses imaginations de
l'Amour Médecin [51], ce divertissement proposé par le Grand Roi,
composé, appris et représenté en cinq jours, et Clitandre l'a passé au
doigt de Lucinde, devant toute la Cour, sur la scène royale de
Versailles, aux accords en sourdine de la musique de Lulli...

Il n'est pas jusqu'à la galanterie du grand siècle qui ne trouve
ici sa place, grâce aux armoiries des Lanclos. Ninon aurait pu les
prendre comme armes parlantes, avec cet anneau à la gueule d'un
lion arraché d'or lampassé (89) qui semble une invite aux amants
que leur esprit ou leur beauté faisait défiler dans la galerie de ses
caprices. C'est à son nom que le jeune marquis de Sévigné, tout
marié qu'il était, devait d'y figurer après son père, en s'y attardant

50   Th. Lavollée, *Madame de Maintenon et la maison royale de Saint-Cyr,*
           Paris, 1862, p. 103, 104, 107, 109.
51   Acte III, Scènes V et VII.

même trois mois; trois mois d'amour, qu'il reconnaissait par une
bague plus que modeste. Et voilà un bijou qui réunit la charmante
épicurienne que M. Magne a fait délicieusement revivre [52], avec la
femme de grand esprit et d'encore plus grand cœur qui personnific
dans les lettres l'apogée du génie français.

Quelle destination avait la bague mystérieuse de 12.000 livres
que le duc d'Orléans envoyait, en 1718, « pour affaires secrètes »
à l'abbé Dubois, alors en Angleterre? On ne peut que faire des hy-
pothèses assez peu flatteuses pour les deux partenaires; en tout cas,
le renseignement fourni par les *Registres des présents du roi* [53] ne
laisse pas d'être piquant. La même main est ornée, un peu plus tard,
cette fois d'une façon moins passagère, d'un gros diamant de
40.000 écus; il fait briller l'anneau épiscopal de notre abbé, le futur
Cardinal, auquel le Régent l'a offert le jour de sa consécration
comme archevêque de Cambrai [54]! Avec ces deux noms, la bague
personnifie la Régence, ce fatal envers de la Monarchie, qui suit
la mort de Louis XIV. Le nouveau règne marque, en effet, au point
de vue des mœurs, une ère de réaction brutale contre les années
moroses et l'austérité officielle du long règne précédent. L'art, qui
en est le reflet, sort de la forme pompeuse et quelque peu théâtrale
qui était jusque-là de rigueur : il devient fantaisiste et capricieux.
Le bijou n'est plus seulement une parure, il exprime des sentiments,
des goûts, il est plus intime, plus personnel. De plus, ce luxe vul-
garise la mode, en envahissant tous les milieux; la pénurie des
métaux précieux provoque la naissance de la bijouterie en faux, qui
aide la parure à se multiplier. Tout est prétexte pour le décorer et

52   Tallemant, *Hist.*, t. IV, p. 419.
53   Maze-Sencier, *op. cit.*, p. 757.
54   Saint-Simon, *Mémoires*, Paris, 1858, t. XI, p. 266. — Mongez, *Vie
     privée du cardinal Dubois*, Londres, 1789, p. 240.

en faire un objet de souvenir, sinon de munificence. La bague vient
en tête comme se prêtant le mieux aux ressources de l'artiste et de
l'acheteur. Tout le XVIIIe siècle est rempli de ces bibelots charmants,
œuvres d'art aussi précieuses que minuscules.

L'exemple vient de haut, comme le modèle. La Société gravite
de plus en plus autour du trône, mais en se rapprochant aussi
chaque jour davantage du souverain qu'elle finira par étouffer. Dès
le dernier soupir de Louis XIV, le piédestal inaccessible sur lequel
rayonnait la majesté du Roi-Soleil s'est abaissé jusqu'au niveau
des pelouses de Versailles. La personnalité du roi est de plus en
plus intimement mêlée à la Cour, en attendant qu'elle soit mêlée au
peuple, et le culte du souverain remplace peu à peu celui de la
royauté devenue de moins en moins impersonnelle. La bague apporte son témoignage à cette transformation. En voilà de nombreuses,
de tous les genres, de toutes les valeurs, à l'effigie de Louis XV le
Bien-Aimé : son effigie de profil en camée-pâte sur un fond de paillon rose dans le chaton d'une bague d'or du musée Condé; sa tête
laurée de profil en camée-calcédoine grossier serti dans un anneau
d'or bas (90) ; son buste de face, une miniature sous verre formant
le chaton de deux bagues, l'une en argent (91), l'autre en or [55],
accosté de deux élégantes fleurettes, toutes deux bordées de strass.

Mais ce sont là bagues quasi-populaires, tributs d'hommage au
roi. Comme sous le règne précédent, ornées de diamants précieux,
elles font partie des présents diplomatiques et grâce aux *Registres
des présents du roi*, elles permettent de suivre les grands événements
de la vie de la famille royale.

Déjà en 1721, le marquis de Sainte-Croix, chargé de conduire
en France l'Infante Marie-Anne Victoire et de « faire l'échange »,
a reçu une bague d'un seul brillant valant 30.050 livres, tandis que
la même et de même prix est donné à madame de Nièves, gouver-
nante de l'Infante.

En 1725, le mariage de Louis XV et de Marie Leczinska, pour

55   Coll. Guilhou, *Catal. Seymour de Ricci*, n° 1611.

lequel l'orfèvre Besnier fournit les anneaux nuptiaux, est l'occasion
d'une véritable débauche de ces cadeaux aux gentilshommes polo-
nais et entourage du roi Stanislas. Le plus beau est celui de l'électeur de Cologne, venu exprès pour assister au mariage du Roi, une
bague d'un seul diamant magnifique du prix de 40.040 livres.

Autres distributions, quoique moins importantes, aux deux ma-
riages successifs du Dauphin, fils de Louis XV, d'abord avec Marie-
Thérèse-Antoinette, fille de Philippe V, en 1745, puis avec la princesse Marie-Josèphe de Saxe en 1747.

L'on voit de même figurer aux Registres les noms des représen-
tants de l'électeur de Cologne, de l'Impératrice de Russie, mais
l'article certainement le plus intéressant est celui qui mentionne le
présent fait en 1765 par le Dauphin à l'infante Louise-Marie-
Thérèse de Saxe, à l'occasion de son mariage avec le prince des
Asturies, une bague de un brillant en losange de 37 grains d'une
valeur de 28.965 livres [56].

*\
**

A la Cour, les bagues moins luxueuses qui servent de cadeaux
ont un caractère à la fois plus personnel et plus artistique. Les diamants qu'on vient de voir défiler sont remplacés par des portraits
en miniature, commandés aux meilleurs artistes et livrés ensuite aux
bijoutiers qui les montent. Au jour de l'an, ou à certaines époques
de l'année, le roi, la reine, les princes, les princesses les distribuent
régulièrement aux principaux personnages de la Cour. Les *comptes
royaux des Etats de bijoux ordonnés par la Cour* donnent la dési-
gnation des bijoux, les noms des peintres, le prix des portraits, les
noms des marchands et auteurs de la monture, ceux des bénéfi-
ciaires, le prix des bijoux. Les peintres ordinairement alors employés sont Liotard, Duvijon, Lebron, Penel, Charlier, Drouais,

56   Maze-Sencier, *op. cit.*, p. 757 et suiv.

Vincent, Aubry [57]. D'après les *Comptes des menus-plaisirs*, la duchesse de Brissac reçoit en 1749 de Sa Majesté les portraits de madame Infante et de madame Isabelle, peints par Drouais et montés en bague tournante par Le Guay. En 1757, Rondé, joaillier du roi, livre une bague ornée du portrait de madame Louise, entouré de 28 diamants. Cazaubon exécute, en 1762, les portraits de madame Adélaïde, de madame Sophie et de madame Louise, pour être enchâssés dans la même bague; il réclame 150 livres en raison de la difficulté... En 1766, Jacquin, joaillier du roi et de la Couronne, fournit une bague offrant sur le chaton le portrait de « Feu Mgr le Dauphin », entouré de roses de Hollande, montées à l'antique.

Cette mode dépasse le cercle de la cour, et l'art lui doit quantité de petits chefs-d'œuvre généralement anonymes; en voici un (92) dont nous laissons l'attribution à la sagacité du lecteur et comme auteur et comme sujet.

Le bijou que porte au doigt la reine, Marie Leczinska, déroge à la tradition. C'est une simple bague en or à son chiffre, un M couronné sur une double branche de laurier en émeraudes et petites roses de Hollande [58].

Et les véritables reines, celles de la main gauche, la marquise de Pompadour en tête, qui personnifie l'art charmant et le goût exquis du XVIIIe siècle! Voici le buste de la séductrice, mêlée à toute la politique intérieure et à la diplomatie du règne, finement aquarellée sous cristal dans le chaton d'une bague de la collection de Tarnoczy [59]. Une cornaline intaille montée en bague d'or, de la collection Leturcq, nous la montre toute jeune, vue de profil, coiffée en cheveux avec une natte relevée sur le haut de la tête et un ruban noué autour du cou. Elle-même portait sans doute à son doigt, dans les moments réservés à son royal amant, cette autre cornaline-intaille où son profil à droite, accolé à celui de Louis XV,

---

57   Courajod, *Journal de Lazare Duvaux*, Introd., p. CV, CVI.
58   *Coll. Comte de La Beraudiere* (Maze-Sencier, *op. cit.*, p. 758).
59   Groupe XI, n° 69.

la montrait coiffée en cheveux, avec un collier d'un triple rang de perles. Cette intaille signée par Guay était vendue 120 livres à la vente de son frère, le marquis de Ménars.

Mais ses deux bagues préférées étaient certainement celles qu'elle léguait, par son testament du 15 novembre 1757, au Prince de Soubise, l'une avec un gros diamant d'aigue-marine, l'autre avec une gravure de Guay représentant l'Amitié. « C'est son portrait et le mien depuis vingt ans que je le connais », ajoutait-elle dans son codicille de 1764, la veille de sa mort, et elle laissait par cet acte au duc de Gontaut « une alliance couleur rose et blanche, enlassée d'un nœud vert. »

Ce n'était rien moins qu'un legs royal que celui de la favorite au prince de Soubise, avec son ambition d'immortalité universelle ; car elle ne la bornait pas seulement à la politique, comme le prouve du reste sa participation effective aux affaires d'Etat, la guerre de Sept ans, le traité de Versailles, la politique de Choiseul; elle l'étendait aux arts, à tous les arts, jusqu'à la Glyptique. C'est sur le touret de Guay, installé chez elle, qu'elle a presque toute gravé, sur cette cornaline blanche la *Fidèle amitié*, une femme presque nue, tenant des fleurs, qu'un chien regarde, et qu'elle a signée *Pompadour fecit*[60]. L'anneau qui portait en chaton cette pierre inestimable a disparu, mais voilà, en revanche, un péridot oriental monté en bague d'or, *Jardinier cherchant de l'eau* (93), qui figure dans son *Œuvre gravée*, d'après les documents de Guay, et que nous devons à l'amabilité de son possesseur de pouvoir reproduire ici.

Pour en finir avec les petits appartements du roi, évoquons ici la dernière favorite, la Du Barry, dont le chiffre sur bleu tendre surmonté d'une couronne de roses se voit sous le cristal du chaton d'une marquise en or (94) que son possesseur a bien voulu nous autoriser obligeamment à montrer au lecteur.

60　De Goncourt, Madame de Pompadour, Paris, 1879, p. 431, 400, 403, 404, 475.

*
* *

L'une des gloires militaires de la France nous ramène à la glyptique. Ce camée, à l'effigie de Maurice de Saxe, dans une monture d'or bas (95), a peut-être brillé au doigt de madame Favart sous les feux de la rampe du théâtre improvisé au camp de Bruxelles, à moins qu'il n'ait senti battre le sang passionné d'Adrienne Lecouvreur.

Nous sommes aux armées encore avec ces deux intailles enchâssées dans des bagues d'or. L'une, sur cornaline, présente les effigies accouplées de deux dignitaires des Ordres du Roi, le père et le fils sans doute (96) ; elle rappelle probablement leur souvenir à l'épouse et à la mère, au milieu de la vie mondaine de la Cour. Sur l'autre, en cristal de roche, se détache le profil énergique et racé d'un jeune seigneur, revêtu lui aussi du cordon de l'Ordre (97).

Passons des armées aux salons. Nous y trouvons Voltaire et son esprit; il adresse ce quatrain à une dame et le joint à l'envoi d'une bague ornée du portrait de celle-ci par Barrier :

> Barrier grave ces traits destinés pour vos yeux :
> Avec plaisir daignez les reconnaître,
> Les vôtres dans mon cœur furent gravés bien mieux,
> Mais ce fut par un plus grand maître [61].

La bague à portrait n'est pas toujours aussi franche ; elle est quelquefois à secret, cachant sous un chaton mobile à ressort un sujet ou un portrait que l'on veut dérober aux regards. La volage et délicieuse marquise du Châtelet, la belle Emilie de Voltaire, substitue un jour dans la sienne au portrait de ce dernier, celui de Saint-Lambert.

Le jour de la mort de sa maîtresse, l'amant trompé s'en aperçoit et le fait constater au mari avec une ironie cynique : « Voilà une

61   Maze-Sencier, *op. cit.*, p. 695.

chose, monsieur le Marquis, dont nous ne devons nous vanter ni l'un ni l'autre. » Tout le xviiie spirituellement sceptique est là, et on le voit vivre dans la physionomie du personnage dont l'effigie en grisaille forme le chaton de cette bague d'or (98).

La Marquise n'était pas la seule à user du subterfuge. Plus tard, sous Louis XVI, on ne trouve pas à Paris, moins de quatre grands joailliers spécialisés dans la fabrication de ce bijou hypocrite : de la Salle, Place Dauphine, *Au médaillon d'or*, Delion, rue Saint-Louis, *Au Moulin d'or*, Maillard, rue Saint-Honoré *A l'Hôtel d'Aligre*, Porcher le jeune, Pont-Notre-Dame, *Au Vase d'or*.

A en croire Diderot, la Grand'Ville en aurait eu le monopole, et ces adresses semblent donner raison à ses vers :

> Corrompre d'un ami la maîtresse ou la femme
> Fi ! Messieurs, c'est un trait infâme !
> Mais pour nos dames de Paris
> Si douces, si spirituelles,
> Qui ne sont guère plus fidèles
> A leurs amants qu'à leurs maris
> Bien fou qui s'en ferait scrupule;
> Les avoir est ce qu'on leur doit;
> Ce n'est qu'un anneau qui circule
> Et que chacun met à son doigt.

Le Prince de Conti, aurait pu protester, lui qui se vantait de ce que les quatre mille bagues de femme de sa collection étaient les gages d'amour d'autant de conquêtes.

Nous n'avons pas à trancher le différend. Constatons seulement que notre héroïne a évoqué jusqu'à la coterie des Philosophes du xviiie. Elle évoque même Jean-Jacques et le retour sentimental à la nature qui a son contre-coup dans le décor du chaton. Les peintres de paysage rivalisent avec ceux de portraits. Les deux Blarenberghe peignent sur les chatons des scènes champêtres qui sont des merveilles de finesse et de goût. Le catalogue du marquis de Ménars décrit une bague en or avec la vue du château de ce nom dessiné à la plume.

Noël, miniaturiste sous Louis XVI, peint sur le chaton d'une bague en or ouvrante quatre miniatures à sujets de marine figurant les quatre heures du jour [62].

Aux œuvres anonymes de ce genre d'un art si délicat (99), il faut ajouter celles plus nombreuses où les chefs-d'œuvres antiques sont reproduits en camaïeu (100).

A la peinture et à la glyptique s'ajoutent d'autres ressources pour la bague. Marie-Joseph Bonzanigo et ses élèves sculptent pour elle en bois de poirier (101) et en ivoire (102-103) des chatons d'une ténuité et d'une perfection étonnante. Les céramistes de Sèvres et de Wedgewood (104) rivalisent avec eux d'art et de finesse.

N'est-ce pas à cet engouement pour Jean-Jacques qu'est dû ce dédain affecté de l'or, qui inspire la mode du bijou de fer? Elle serait synthétisée dans cette bague ayant pour chaton une large plaque d'acier rectangulaire bordée de perles d'acier, sur laquelle est gravée en trois lignes la devise : *La vertu me guide* (105). A-t-elle, d'aventure, fait partie de la collection du Prince de Conti? Nous lui préférons, en tout cas, la délicieuse bague de même métal au chaton ovale ogival formé par une plaque de Wedgewood (106) dont les couleurs s'harmonisent délicieusement avec le miroitement métallique des facettes de l'entourage.

*
* *

Si la bague à devise n'évoque aucun nom, elle n'en doit pas moins figurer ici, car son genre est une des caractéristiques de la société du XVIIIe. Voici quelques devises :

A toi, Souvenir (107), *L'ami sincère, Marque d'amitié* [63], *Don d'amitié* (deux colombes se becquetant) (108). *On n'est point étranger au sein de l'amitié* (nymphe en pied, ceinturant de fleurs une co-

---

62   *Ibid.*, p. 75 et 752.
63   *Cat. Dalton*, n°s 994, 995, 996, 997, 998, 1000, 1001. — *Coll. de Tar-noczy*, groupe XI, n°s 77, 78, 82.

lonne) (109), *Votre amitié fait ma félicité, J'attendris les cœurs* (une flèche en cheveux sur un nœud) (110), *A vous seul* (deux cœurs unis), *Amour pour amour, Gage d'amour, Prenez-moi si vous m'approuvez, L'amour nous éclaire, Toujours fidèle, A l'objet qui vous plaît* (une guirlande de cheveux), *Se rejoindre ou mourir* (111), *Je chéris jusqu'à son ombre* (silhouette de femme) (112). *Ah! bien trop tôt!* (urne funéraire), *Je vous suis toujours*[64] (autour d'un œil bleu peint à l'intérieur du chaton creux fermé par une plaque à charnière). Ce dernier type est quelquefois moins discret, témoin ce chaton qui étale à tous les regards l'œil de la personne aimée (113).

La devise prend quelquefois la forme d'un rébus. Dans un chaton rectangulaire à pans coupés, des lettres d'or découpées *Du bien M. E.* sont posées sur des cheveux (cheveux du bien-aimé). Sur une autre de même forme, une miniature représente un amour soutenant une guirlande de fleurs qui réunit, aux quatre angles, des écussons renfermant les lettres *L. C. M. E.* (Elle sait aimer). Une bague connue porte sur l'anneau plat les lettres *L. A. C. D.* (*Elle a cédé*) séparées par des cartouches portant chacun en travers un mot de la légende : *Amour veille sur elle.* Cette autre a un chaton en losange; à l'intérieur, en lettres dorées un L et un D surmonté d'un lys; au pourtour, l'inscription : *L'amitié donnée par... fait mes...* (L'amitié donnée par elle fait mes délices). Dans le chaton rectangulaire d'une autre, un L d'or au centre sur fond rose pâle est entouré de l'inscription : *Mon cœur brûle pour...* (elle).

Quelques rébus ne peuvent être compris que des initiés ; témoin cette bague dont le chaton en losange porte au centre un cœur en or sur fond gris servant de nœud à une mèche de cheveux en hauteur, entourée des chiffres 1, 2, 3, 4, 5, 6. Au pourtour se lit la légende : *Mon plaisir les réunit.*

Quel roman ou quelle fantaisie se cache sous cette ravissante bague de femme en or dont le chaton cerclé de brillants laisse voir

64   Coll. Guilhou, n° 1629.

sous double cristal l'insigne de la Toison d'or (114)? A moins qu'elle n'ait servi à afficher à un joli doigt une conquête de haut rang...

Et les bagues dont la destination est une énigme ! Comme celle-ci, de femme, ayant pour chaton un miroir à biseaux (115). A l'usage d'une amoureuse pouvant, par elle, recevoir en secret des signaux? Quelque chose d'analogue à la lorgnette discrète de contre-vision? A l'usage d'une joueuse pour piper au jeu, avec l'aide d'un compère?

*
**

A la fin du règne de Louis XV, en 1772, la franc-maçonnerie, issue de l'étranger, fonde en France la loge du Grand-Orient de France. La voilà, avec un bijou féminin, cette bague de femme en or, ornée d'emblêmes maçonniques en roses et rubis : compas triangle, fil à plomb, étoile, maillet et truche. Elle avoisine une bague à épreuve en argent, dans le chaton duquel, en glaces de Venise, est réservé un petit trou servant à projeter un jet de liquide au moyen d'une petite seringue en cuivre dissimulée dans la main [65]. Une importation d'outre-Manche où elle est déjà connue au XVIIe siècle sous le nom de *Squirt-ring*, bague à jet d'eau.. Son type persiste, car on la retrouve vers 1830, comme objet de divertissement, avec chaton en marguerite de strass (116), et plus tard, de nos jours, comme contemporaine de la Tour Eiffel, à titre d'amusement populaire à côté de la blague à surprise, de la chaudière infernale, du Père la colique, du poil à gratter.

Jusqu'ici nous n'avons jeté les yeux que sur les doigts de la noblesse, noblesse de sang, noblesse de robe, noblesse d'argent. Au-dessous d'elles, ils sont légion et avec des parures aussi brillantes, malgré leur peu de valeur. Mais si cette raison a quelquefois sauvé du creuset ces modestes bijoux, elle ne les a préservés ni de l'indif-

---

65   Coll. Coblentz, n°s 151, 158.

férence, ni de la destruction, ce qui explique leur rareté, à côté des
autres plus luxueux. Ils ne sont pas pourtant les moins évocateurs.
Cet élégant pavé ovale de vulgaires cailloux du Rhin, en
bronze (117), prouve que le sentiment artistique n'était pas l'apa-
nage exclusif des grands. Cette bague en fer de compagnon-chau-
dronnier dont le chaton en forme de cœur porte les armoiries parlantes de la corporation (118), tient bien sa place auprès de lui.
Quant à ce modeste anneau d'argent, avec sa légende naïve :
Amour ran nous heureux (119), il fait revivre dans nos imaginations la ginguette des Porcherons et ses berceaux de feuillage, sous
lesquels les amoureux vont boire en s'enlaçant. Dans un serment de
vingt ans, Pierrot l'a glissé au doigt de Colombine, dont le geste
mutin a peut-être offert la ligne délicieuse d'une nuque provocante
au crayon de Watteau qui y promenait ce soir-là sa rêverie d'artiste
solitaire...

*
* *

Pour le mariage de Louis XVI, comme pour celui de Louis XV,
les pages des *Registres des présents du Roi* se noircissent des noms
des personnages de la suite de l'archiduchesse d'Autriche; ils sont
tous gratifiés de diamants montés en bagues, dont la valeur varie
suivant le rang du bénéficiaire. Le Prince de Stahremberg qui a
accompagné la fiancée à Strasbourg et l'a remise aux mains de
M. le comte de Noailles, en reçoit une, formée d'un très gros brillant
de 53 grains valant 40.000 livres. Après lui, viennent le gouverneur
des pages, le premier fourrier de la Chambre, deux officiers ou
commis des Finances, le premier médecin du corps, le chapelain de
la cour, l'huissier de la chambre, le fourrier, le contrôleur, jusqu'au
maître tapissier [66]...
   Mais tous ces bijoux sont impersonnels. En voilà deux, de

66   Maze-Sencier, *op. cit.*, p. 109-111.

femme, et d'un art délicat qui parlent ceux-là, en reflétant l'enthousiasme délirant soulevé en France par cette union. L'un est un jonc d'or ténu ayant pour chaton tournant une minuscule médaille d'or enchâssée dans une bordure étroite en bronze, rehaussée par un filet d'émail bleu; d'un côté l'effigie de profil du Dauphin, de l'autre une palme de laurier [67].

La seconde, une délicieuse bague de fillette, également en or, lui fait pendant. Sur le chaton se profile à gauche le buste de l'archiduchesse dans sa fraîche joliesse, vu de profil, estampé finement en relief dans une feuille d'or sur un fond guilloché aussi en or, de teinte différente (120). Une tradition locale veut que ce soit un souvenir de sa réception à Strasbourg par une députation de jeunes filles de la ville.

Cette même année, le témoignage plus intime d'un autre mariage princier, celui des parents du duc d'Enghien, le duc de Bourbon-Condé et Louise-Marie-Thérèse-Mathilde d'Orléans ; leur bague-alliance en or, portant la date du mariage et les initiales des deux époux est conservée au Musée Condé.

Jamais ménage royal ne reçut, autant que celui de Louis XVI, surtout au début de son règne, les hommages des arts plastiques, tout au moins sous la forme qui nous occupe. Une plaquette ovale en argent qui présente à découvert le buste du roi dans sa jeunesse, forme le chaton d'un anneau d'or sur lequel est gravée l'inscription *L. XVI. 1776,* daté de la seconde année du règne (121). La silhouette bleue du Roi se voit dissimulée derrière un feuillage sur le chaton octogonal sous verre d'une bague en or. Une autre, monture or et fleurs de lis, au Musée Condé [68], porte sur une pierre composée, son profil en bleu foncé. Son buste de profil en Wedgewood (blanc sur bleu) forme le chaton octogonal d'une grosse bague d'or (122). Quant à Marie-Antoinette, deux anneaux d'or présentent en chaton ovale cerclé de petits diamants, son buste de face en Wedge-

67   *Coll. Malé.*
68   Coll. Guilhou, n° 1590.

wood (123), mais l'un d'eux, le plus grand, dans un âge plus avancé (124).

La tendance que nous avons constatée au début de la Régence s'accentue à mesure qu'on avance dans le siècle ; la préoccupation qui guide le décor dans la parure, et surtout dans la parure de la main, devient chaque jour d'ordre plus personnel et de circonstance; elle marque les variations presque incessantes de la mode, comme si la vie se vivait de plus en plus au jour le jour. Il semble même que la bague, le bijou par excellence, prenne en 1782 des dimensions énormes, assez énormes pour cacher l'anneau nuptial, précisément pour répondre à ce prurit croissant d'étalage.

Aussi, la bague commence-t-elle à se dater elle-même. En 1783, l'invention de Montgolfier? Or ou argent, les chatons figurent une montgolfière ornée de brillants et de rubis avec deux personnages à mi-corps dans la nacelle (125). Un autre en or ovale, cerclé de diamants, présente sous verre une miniature où est peinte la montgolfière des expériences de Pilatre et Rozier décorée des lettres royales entrelacées, sa nacelle drapée, arborant deux drapeaux, comme elle est figurée dans Faujas de Saint-Fond.

L'année suivante, le succès étourdissant du *Mariage de Figaro.* Le triomphe de mademoiselle Contat, la maîtresse du comte d'Artois, dans le rôle de Suzanne? Une révolution dans le costume; à la mode sa coiffure et son déshabillé, la *coiffure de Suzanne, le déshabillé de Suzanne;* les chapeaux et bonnets à *la Figaro,* les robes à *la Comtesse.* Les élégants arborent sur des gilets des peintures représentant quelques scènes; on en peint sur des éventails et des écrans. Il n'y a pas seulement les cheveux, mais les bagues à la *Chérubin* qui connaissent la popularité. Qu'on en juge par celle-ci : une miniature dans le chaton ovale d'une modeste bague en bronze, avec bordure en torsade, figurant une scène de la pièce, avec la légende :

Est-ce votre page (126)? une réplique de la gravure de Naudet, un symbole du prélude de la Révolution. En voici un autre écho avec ce chaton, un médaillon en Wedgewood (127) : Chérubin, l'épée au côté, prenant congé de la Comtesse, devant un autel de l'Amour d'où s'envole une colombe à tire d'aile : *La leçon d'amour dans un parc.*

Quelques mois plus tard, l'on ne voit au doigt des grandes élégantes que des chatons de dimensions démesurées, une pierre de composition, ovale, carrée, en losange ou à huit pans, parsemée de diamants montés en petites étoiles (128), entourant quelquefois un croissant de lune, comme dans la pièce nouvelle de notre collection.

C'est la bague *au firmament,* qui témoigne par son nom de l'allégresse produite par les espérances de maternité de la reine.

Elles se sont réalisées; la mode change bien vite et la bague au *firmament* est remplacée par la bague à *l'enfantement* allusive à la naissance du Dauphin en 1785. Celle-ci diffère de la précédente, en ce que la pierre de composition du chaton reçoit au lieu de diamants, tantôt des pierres de couleur, tantôt un seul gros diamant ou une grosse pierre brillante placée en son milieu. Le docteur de la Saône, premier médecin du Roi, qui a inoculé le Dauphin, reçoit une de ces dernières, garnie d'un diamant brillant jaune, fournie par le joaillier Le Mire, d'une valeur de 5.000 livres [69]. Le Dauphin lui-même, de quelques années plus âgé, nous apparaît en buste de face peint en miniature, garnissant sous verre le large chaton ovale encerclé de diamants d'une bague en or émaillé (129).

Et « le divin » Cagliostro? L'engouement pour lui ne se manifeste pas seulement sur les éventails, les tabatières, les médaillons où l'on voit son portrait et celui de sa femme. Leurs effigies figurent aussi sur des bagues qui ont pour pendant celle que le cardinal de Rohan porte à son petit doigt, ornée d'un diamant. C'est un gros solitaire sur lequel sont gravées les armes de la famille de Rohan. Il la montre un jour complaisamment à la baronne d'Oberkirch, de

69   Maze-Sencier, *op. cit.,* p. 752, 764.

passage à Strasbourg, qui l'a remarquée, et qui l'admire l'évaluant à 20.000 livres au moins :

« — C'est une belle pierre, Monseigneur, et je l'avais déjà admirée.

« — Eh bien! C'est Cagliostro qui l'a faite, entendez-vous; il l'a créée avec rien; je l'ai vu; j'étais là, les yeux fixés sur le creuset, et j'ai assisté à l'opération. Est-ce de la science? Qu'en pensez-vous, madame la baronne? On ne dira pas qu'il me leurre, qu'il m'exploite, le joaillier et le graveur ont estimé la pierre 25.000 livres. Vous conviendrez au moins que c'est un étrange filou que celui qui fait de pareils cadeaux.

« Je restais stupéfaite, je l'avoue ; M. de Rohan s'en aperçut et continua, se croyant sûr de la victoire :

« — Ce n'est pas tout; il m'en a composé devant moi pour 5 ou 6.000 livres, là-haut dans les combles du palais. J'en aurai davantage, j'en aurai beaucoup, il me rendra le prince le plus riche de l'Europe. »

Nous parlions d'histoire [70]. Cet étrange bijou ne fait-il pas revivre à la fois l'histoire romanesque et tragique du collier, l'odyssée légendaire du fameux thaumaturge, et le courant intéressé d'impopularité suscité autour de la Reine.

Devant le scandale que provoque le procès retentissant du collier, la reine s'isole à Trianon. Elle y fait construire « le hameau », un petit village de douze maisons : une laiterie avec des terrines à lait, des tasses, des beurriers où elle-même et ses amies font le beurre et le fromage, la maison du jardinier, la grange, le poulailler ; à côté, un moulin dont la roue tourne... Et c'est l'une de ces amies, sans doute, une rare privilégiée, car les fêtes sont finies et il n'y a plus de réception que pour les tout intimes, qui a porté cette délicieuse marquise au chaton de strass figurant un moulin (130), qui servait peut-être de laisser-passer.

Ce retour à la nature n'est pas une nouveauté ; nous l'avons déjà

70   Baronne d'Oberkirch, *Mémoires*, Paris, 1869, t. I, p. 146.

signalé avec l'influence de la *Nouvelle Héloïse* et d'*Emile*, à laquelle s'ajoute celle de *Paul et Virginie*. Au début du règne, la Reine l'avait déjà mise à la mode avec sa passion pour les fleurs, même champêtres, et le décor de cette énorme marquise qui cache toute la phalange (131) répond à ce renouveau d'engouement.

*
* *

A la veille de la Révolution. Elle commence dans les salons qui deviennent des salons d'Etat. La politique les a envahis et y règne en maîtresse. Ils font et défont les ministres. Ils dirigent l'opinion publique, exaltent leurs favoris, chargent d'opprobre ceux qui leur déplaisent. Comme tout à l'heure, elles étaient affolées des montgolfières, de Figaro, de Cagliostro, de la nature, les femmes sont maintenant éprises de Révolution [71]. Elles apportent de plus en plus à cette occupation, qui est pour elles comme un sacerdoce, cet esprit d'individualisme né avec le siècle, primesautier et capricieux, jugeant tout sur les contingences du jour et se laissant aller aux impressions sentimentales du moment. Les événements politiques se succèdent avec rapidité, mais la mode s'ingénie à les suivre fiévreusement, au jour le jour, reflétant les idées et les passions. Il n'en est pas un qui ne laisse sa trace, ou ne soit symbolisé dans un bijou, surtout dans une bague qui le commémore. Dès ce moment, leur profusion et leur variété va, pendant des années, fixer l'histoire minutieusement, on pourrait dire heure par heure, et presque sans lacune, une caractéristique singulière de l'époque.

Comme pour la Fronde, les prodromes de la Révolution qui n'en a été, en fin de compte, que la reproduction fidèle, sont la banqueroute d'Etat et la faim. De là, à rêver le retour à l'âge d'or, il n'y a qu'un pas. Cette idée est synthétisée dans le portrait de Henri IV, monté en bague (132), qui a dû être souvent accompagné de celui

71   De Goncourt, *La Société française pendant la Révolution*, Paris, 1879, p. 2 et suiv.

de Sully, comme il l'est sur nombre de boîtes, tabatières et médaillons. Un personnage vivant résume de façon plus pratique ces aspirations. C'est Necker, dont la silhouette (un procédé mis à la mode par un génevois comme lui, Jean Huber) a les honneurs enthousiastes des chatons exhibés au doigt des élégantes. Voilà son physionotrace, noir sur fond blanc dans un encadrement rose (133), qui sort comme cet autre, or sur fond noir (134), de l'atelier de Gonord, le concurrent de Chrétien, où le public, d'après l'annonce du 28 juillet 1788, peut se procurer le sien pour bagues, médaillons et boîtes, à raison de 3 livres par séance [72].

La première manifestation emblématique a trait à l'adoption pour le nouveau drapeau national, des trois couleurs qui remplacent celles de la maison royale. Elle s'étale dans cette élégante marquise bordée de strass sous le verre de laquelle miroitent les rayures tricolores d'une moire (135). L'élégante qui la porte a la parure assortie; son feutre arbore une cocarde d'argent, d'aussi bon goût, bordée elle aussi de strass, aux rayures horizontales tricolores (136). D'autres apportent plus d'ingéniosité discrète à proclamer leur patriotisme; témoin cette miniature au chaton d'une bague d'argent bordé de strass : une nymphe au costume tricolore déposant une couronne sur l'autel de l'Amour devenu celui de la Patrie (137).

La Bastille est prise. L'enthousiasme raye en délire. Le nom de Latude est sur toutes les lèvres; la mode s'inspire vite des malheurs de la pseudo-victime devenue un héros. On le représente au goût du jour et de la jeune légende. Sur la miniature sous verre d'une bague en or au chaton rectangulaire, on voit la figure d'un homme couverte de rides, les cheveux et la barbe longs et incultes, les yeux caves, fixes et hagards, la chemise entr'ouverte, le visage et le col décharnés...

Une intaille de cornaline montée sur une bague en or figure un oiseau portant dans son bec un rameau d'olivier : au-dessous, la devise *Liberté*.

72   Vivarez, *Le Physionotrace*, Lille 1906.

Autour d'un mince anneau d'argent, se déroule en relief l'inscription : *Liberté française 14 juillet 1789* (138).

Avec ses matériaux, la Bastille elle-même alimente la curiosité et la passion, tout en servant à la spéculation. Palloy, son démolisseur attitré, n'a garde de laisser passer, sans l'exploiter, la fièvre de symbolisme qui s'est abattue sur la parure. Il monnaye les débris de la forteresse, pierre, fer, étain, bois, sous forme de bustes, médailles, médaillons, plaquettes, chaînes, étuis, presse-papiers, encriers, et aussi sous forme de bagues dites *rocamboles* ou à la *Constitution*. Les unes sont faites avec de simples morceaux de pierre brute de la forteresse [73], que l'artiste a grossièrement fixés par des griffes de fer soudées à un anneau de même métal; les autres, polies, sont enchâssées. Mais l'égalité s'arrête à la coquetterie; il y en a pour toutes les bourses, témoin cette élégante bague en argent ayant pour chaton une petite plaque ovale de marbre bleu poli (139), provenant peut-être des appartements du gouverneur, sertie avec art et encadrée des rameaux traditionnels de chêne et de laurier, en or de deux couleurs.

Il en est aussi de grand luxe, moins intimement commémoratives. Les ateliers d'ivoire de Dieppe fabriquent, pour leur servir de chatons, des représentations minuscules du siège de la Bastille, inspirées peut-être par les médaillons si connus de Duvivier, fondues avec « le plomb scellant les anneaux de fer qui enchaînaient les victimes du despotisme »; certains d'entre eux sont signés de Dailly, l'élève du fameux Croqueloi, bibelots rarissimes et précieux qui prennent place à côté des nombreux objets de curiosité représentant des scènes du siège, ou simplement allusifs : pendentifs émaillés, médailles, entrées de serrures, plaques d'entrée de meubles, boutons d'habit, clefs de montre, bonbonnières, plaques de Sèvres, boîtes, toiles de Jouy...

73 *L'Observateur,* août 1789. — *Antiquités nationales,* t. I (La Bastille), p. 135.

*
**

Deux hommes sont maintenant au pinacle, les chefs des deux nouveaux pouvoirs, la Commune de Paris et la Garde Nationale, Bailly et La Fayette. La candeur touchante du premier que M. Fernand Laurent a su faire revivre dans une forte étude, alimentée par la fatuité de sa femme, madame Coco, le terme familier qu'elle donne à son époux, n'est-elle pas tout entière dans cet épais anneau d'argent niellé? (140). Sur le chaton, Dupré a répété le sceau officiel de l'Hôtel de Ville (141) déjà commandé par le nouveau maire [74] : les armes de Paris surmontées du bonnet phrygien, avec la légende : *Municipalité de Paris*, qu'il a peut-être gravées aussi sur les écussons d'argent du beau service de couteaux à manche d'ébène [75] dont Bailly est si fier. Que de fois ce dernier a retourné sa main pour contempler cet emblème de sa jeune dignité. Il ne quitte pas son doigt, qu'il se promène par la Ville dans son carrosse escorté de deux cavaliers, ou qu'il donne audience dans son cabinet du plus bel hôtel de la place Vendôme, dont la cheminée monumentale est ornée de flambeaux d'argent où son médaillon et celui de La Fayette encadrent celui du Roi [76]. Il ne se doute point, alors, qu'un jour cet anneau l'accompagnera dans ses dernières heures de cachot, avant son supplice, et qu'il gravera grossièrement, à l'intérieur, avec la pointe d'un clou, sa dernière pensée, le mot Ἀναγχη , où se résume son caractère de simple honnête homme, grisé par sa popularité d'un jour, et fourvoyé dans l'engrenage des violences et des audaces. Peut-être, l'a-t-il confié, en franchissant pour la dernière fois le seuil de sa prison, comme un dernier souvenir pour sa femme, au gendarme qui vient d'assister à sa toilette funèbre.

A côté de Bailly se place La Fayette avec ce buste de profil en

74   Renouvier, *Hist. de l'art pendant la Révolution*, Paris, 1863, p. 395.
75   *Musée Carnavalet*, n° 313.
76   *Id.*, n° 314.

fonte de Berlin, cerclé d'un perlé d'or, qui forme le chaton d'une bague de même métal (142). Elle date probablement de la fin de la Restauration, mais elle doit être citée ici, près de celle qui renfermait sous verre, dans le chaton, des cheveux de Washington et de sa femme, et que leur petit-fils, M. Custis, offrait au nom de sa famille au général La Fayette, lors de sa visite au tombeau de Mount Vernon, le 17 octobre 1824. Celle-là évoquait par ses inscriptions un passé commun glorieux et des liens d'armes, cimentés depuis sur le sol français : sur les côtés du chaton, *Pater Patriæ Mount Vernon;* à l'intérieur de l'anneau, *Lafayette 1777, Pro novi orbis libertate Decernebat juvenis Stabilitam senex invenit 1824.*

Les héritiers de Washington donnaient à la fille de La Fayette, madame de Latour-Maubourg, une autre bague en or avec chaton renfermant des cheveux de Washington et de sa femme.

Signalons enfin une autre bague en or avec pierre gravée représentant le portrait de La Fayette, qui appartient, comme la première, à madame de Pusy[77].

La Déclaration des Droits de l'homme et du citoyen ! Une riche élégante affirme vite son enthousiasme en se parant d'une marquise portant en chaton une ravissante miniature sur ivoire : la déesse de la Liberté, coiffée d'un casque à cimier, et tenant une longue pique est accoudée sur le socle d'une colonne cannelée ; un cartouche avec l'inscription *Droits de l'homme* entoure sa base; au sommet, l'oiseau de la Liberté (143).

Le 7 septembre, douze citoyennes, femmes et filles d'artistes de la ville de Paris, apportent en don à l'Assemblée nationale une cassette de bijoux; huit anneaux d'or y figurent. Cette générosité n'est pas imitée par toutes les élégantes, à en juger par Théroigne de Méricourt qui porte prudemment les siens au Mont-de-Piété, notamment une bague avec un fort brillant[78]. Pudeur ou misère? Les parures de

---

77   *Cat. de l'Exp. hist. des souvenirs franco-américains de la guerre de l'Indépendance,* Paris, 1893.
78   Spire Blondel. *L'art pendant la Révolution,* Paris, p. 206.

luxe se font-elles plus rares? Le fait est que l'acier uni remplace les
métaux précieux, surtout pour les boucles de soulier en argent qui
dominent dans les sacrifices sur l'autel de la Patrie. Mais ce n'est
là sans doute, qu'une mode passagère, car au début de 1790, l'année
suivante, il n'y a pas dans Paris un rez-de-chaussée qui ne soit oc-
cupé par un bijoutier, par un orfèvre, ou par un café [79].

La Constitution civile du Clergé : Il faudrait, pour l'évoquer,
l'anneau pastoral de Talleyrand. Faute de lui, voici l'anneau en or
de Robinet, un évêque constitutionnel peu connu, orné d'un énorme
cabochon de verre taillé figurant le rubis (144) et pour le curieux
éclectique, un document typique : le cachet de l'abbé Torné, ancien
aumônier du roi Stanislas, archevêque constitutionnel de la Métro-
pole du Centre, célèbre par ses messes en bonnet rouge, le pendant
de la mitre dans ses armoiries épiscopales (145).

La grande fête de la Fédération du 14 juillet 1790 doit commémorer solennellement la prise de la Bastille. Quinze mille ouvriers à
trente sous par jour sont employés constamment aux travaux de ter-
rassement au Champ-de-Mars aménagé dans ce but en forme d'am-
phithéâtre pouvant réunir trois cent mille spectateurs. Tous les habi-
tants de Paris, indistinctement, se hâtent vers l'esplanade pour les
aider, princes, nobles, abbés, députés, bourgeois, marchands, prolé-
taires, femmes, vieillards et enfants. M. de La Fayette qui s'y est
rendu, a pris une bêche et travaille deux heures avec ses aides de
camp. M. de Beauharnais est attelé avec l'abbé Sieyes. Des femmes
de tous les rangs, certaines du plus haut parage, mesdames de
Coigny, d'Aiguillon, baronne d'Escars, de Broglie, roulent des char-
retées de terre et se font gloire de la sueur et de la crotte dont
elles se couvrent et qu'elles vont rapporter chez elles dans leurs voi-

79   Maugras, *Journal d'un étudiant pendant la Révolution*, Paris, p. 44.

tures [80]. L'une d'elles est la jeune et jolie citoyenne revêtue d'un costume de « fédérée » sorti de chez la grande faiseuse du Palais-Royal, et qui, dans son labeur passionné, perdra un de ses petits souliers à hauts talons en soie lilas rayée et garnis d'une ruche de rubans tricolores [81]. En ce moment, elle justifie, sous le crayon indiscret de Debucourt, avec un jeune et élégant patriote, le nom de « rendez-vous des brouettes » donné à cette journée, avant de fatiguer ses mains délicates à rouler la sienne. A son chapeau de feutre tronc-conique hardiment rejeté sur l'oreille, une cocarde ronde tricolore en pierres de couleurs polies, montées en argent finement gra-vé (146) ; à ses oreilles, des pendants de cristal de roche taillé, le faisceau de la *Loi*, au-dessus d'une pendeloque, *la Nation*, à côté de laquelle se balance une autre plus petite, *le Roi* (147) ; à son doigt, un simple petit anneau de cuivre avec pour chaton une mince plaque de cuivre soudée portant en relief les trois mots fatidi-ques (148). Ce modeste bijou contraste avec le luxe des autres, mais elle l'a préféré, dans un beau geste de coquetterie patriotique, à l'anneau civique en or émaillé aux trois couleurs, surchargé de la même devise, qui fait affluer les élégantes au Petit-Dunkerque, et elle s'est laissée tenter par lui, sur sa route, à l'éventaire d'un mer-cadin, ancien vainqueur de la Bastille, qui arborait fièrement, au milieu des acheteurs empressés, la couronne murale suspendue à son cou par un ruban tricolore.

1ᵉʳ janvier 1791. — Les étrennes patriotiques sont à l'ordre du jour. Les bijoutiers offrent aux acheteurs une nouveauté, *l'alliance nationale et civique*, un anneau d'or de 3 à 4 lignes et qui coûte 48 livres. On y grave la devise choisie par l'acquéreur; une annonce du *Moniteur* indique les plus courantes :

J'espère jusqu'à la mort; La liberté ou la mort; L'union fait la force; Dieu, la nation et la loi; La nation, la loi, le roi; L'amitié

80   Maugras, p. 68. — Marquis de Clermont-Tonnerre, *Mém. par-ticuliers*, Paris, 1826, t. I, p. 257, 258.
81   *Musée Carnavalet*, n° 321.

nous unit; L'amour et l'Amitié; Unis ça ira; Liberté, égalité, frater-
nité; Vivre libre ou mourir.

Le 18 septembre, proclamation de la Constitution par Bailly au
Champ-de-Mars. Une spectatrice veut conserver un souvenir de la
cérémonie et elle fait monter en bague, sur un double fil d'argent,
cette élégante médaille commémorative ovale, bombée en chaton
de marquise. Au recto, la légende : *La nation, la loi, le Roi,* surmontée du bonnet phrygien; sur des faisceaux de licteurs croisés, en
exergue : *Vivre libre ou mourir;* au verso : *Jurons de maintenir
la Constitution. 1791* (149).

Cette même année voit le commencement des épreuves de la
famille royale. Au retour de la fuite à Varennes, sans doute, la
reine envoie à la princesse de Lamballe une bague sous le chaton
de laquelle elle a renfermé la première mèche de ses cheveux
blancs ; sur le cercle sont gravés ces mots : *Blanchis par la douleur* [82].

Le dévouement du général de Damas lui vaut un souvenir du
même genre : cet anneau d'or à double cordon sur lequel est gravé :
Domine Salvum fac regem salvamque fac reginam (150).

Ses partisans affirment leur loyalisme par la parure; ils se disputent un anneau d'or à chaton tournant : d'un côté, trois fleurs de
lys; de l'autre, la devise : *Lâche qui les abandonne* (151). Ce bijou
doit, il est vrai, sa vogue à la reine qui en envoie le même jour deux
semblables, l'un à Esterhazy, l'autre à Fersen, qu'elle avait, celui-là,
porté deux jours, soulignait-elle dans l'envoi [83].

La jeunesse royaliste porte aussi une petite bague en écaille,
avec la devise : *Domine salvum fac regem.* Elle coûtait tout à
l'heure 1 livre 4 sous. Ils la font maintenant se vendre 7 livres.

Une nouvelle bague qui n'est pas dans le commerce, celle-là, et
qu'il nous faut aller chercher dans le coffret à bijoux de la Reine.
Lorsqu'en avril 1792, son fidèle et confident, M. Craufurd, un Écos-

82   Mme de Campan, *Mémoires,* t. II, p. 150.
83   De Goncourt, *op. cit.,* p. 44.

sais, vient la saluer avant de quitter la France, Marie-Antoinette remarque à son doigt une pierre gravée représentant un aigle portant
dans son bec une couronne d'olivier. Elle la lui demande : « J'aurai
peut-être besoin de vous écrire, dit-elle, et si je ne crusse pas devoir
le faire de ma main, le cachet vous servirait d'indication. » Sur
quelques mots que ce symbole me suggéra, ajoute Craufurd, elle
secoua la tête, en disant : « Je ne me fais pas d'illusion, il n'y a
plus de bonheur pour moi. » Puis après un moment de silence :
« Le seul espoir qui me reste, c'est que mon fils pourra du moins
être heureux [84]. »

Cinq mois après, la journée du 10 août qui décide du sort
de la Royauté. La Commune de Paris est dès lors toute-puissante.
Voilà la bague-sceau en cuivre doré qui fait pendant à celle de
Bailly et qui a servi sans doute à Pétion son successeur. Dans le
haut, la légende *Commune de Paris*, coupée par un bonnet phrygien; dans le cartouche ovale, au centre, entre deux rameaux de
chêne croisés, l'inscription sur cinq lignes : *Liberté, 14 juillet 1789,
Egalité, 10 août 1792* (152). Cette pièce est certainement antérieure
au 2 décembre, date à partir de laquelle on compte les années par
l'avènement de la République.

En septembre, les massacres des prisons, suivis du vol des bijoux
des victimes, du sac du Garde-meuble. Ils sont symbolisés par la
bague que porte au doigt l'un des assassins et qui lui vaut le sobri-
quet de Sergent-Agathe [85].

Au-dessus des journées sanglantes plane le nom de Danton;
son portrait de profil en ivoire orne le chaton d'une bague en or
du temps [86].

La famille royale est emprisonnée au Temple. Cette miniature
sous verre, le portrait de Louis XVI, avec date *1er janvier 1793* qui
occupe le chaton d'une bague en or (153), n'est-elle pas le souvenir
d'une vision rapide qu'un des fidèles a voulu pieusement fixer?

84   Barrière, *Notice sur Craufurd*, Paris, 1846, p. 29, 30.
85   Challamel, Histoire-Musée de la Rép. fr., Paris, 1842, t. I, p. 264.
86   *Coll. Forgeron*, n° 316.

Souvenir du Temple aussi, que celle qui contient des cheveux de Louis XVI, de Marie-Antoinette, du Dauphin, et de madame Elisabeth. La monture est due à Louis XVIII, qui la portait quelque temps, avant de la donner au baron Hue, valet de chambre de Louis XVI, qui avait été enfermé avec le Roi au Temple [87].

A côté, se rangent les bagues-reliquaires dans lesquelles ont été enchâssés des cheveux de Louis XVI (154), de Marie-Antoinette (155), et de la dauphine Marie-Thérèse (156), et qui provenaient de la succession Cléry. C'est à ce dernier que Louis XVI remettait, à ses dernières heures de prison, sa bague de fiançailles que la Reine et Madame transmettaient, quelques mois après au comte de Provence [88].

D'après le rapport des envoyés extraordinaires de la Commune de Nantes, un homme achetait les cheveux du Roi, lors de son exécution, pour en faire, disaient-ils, des reliques que l'on s'arracherait [89]. C'est à ce détail vraisemblable que l'on doit certainement cette bague en or dont le chaton émaillé en forme de cercueil, orné de larmes noires sur fond blanc, s'ouvre et laisse voir à l'intérieur quelques cheveux et l'inscription gravée : *Cheveux de l'infortuné et vertueux Louis XVI* (157). Cette pièce date probablement de la Restauration, comme cette autre aux portraits, dans la disposition classique, de la famille royale (158).

*
* *

Près de deux mois plus tard, le 13 mars 1793, la Vendée se soulève à l'appel de Jacques Cathelineau, du Pin-en-Mauges. Cet anneau (159) qu'il portait alors sera encore à son doigt, lorsque, proclamé généralissime de l'armée catholique et royale par les grands seigneurs et les chefs paysans de l'Ouest, il recevra à La

87   *Coll. Hue* (Cat Exp. Marie-Antoinette, Paris, 1894, n° 46).
88   Cléry, *Journal*, Paris, 1825, p. 143.
89   *Rev. hist. de la Révolution française*, 1922, n° 4, p. 305.

Tremblaye près de Cholet une blessure mortelle. La tradition rapporte que « le Saint de l'Anjou » comme l'appelait le peuple, se servait de sa bague comme d'un chapelet avec les dix grains extérieurs du cercle et la croix remplacée ici par un méplat, où son ancien possesseur avait fait graver un T, son chiffre.

Le 6 avril, création du Comité de Salut public, qui inaugure officiellement la Terreur, régime de méfiance, d'inquisition et de délation, exacerbés par les revers du dehors. Son emblème est cet œil, grossièrement peint sur un mince anneau de cuivre (160). Il était autrefois l'œil rayonnant de la Liberté, que l'on a vu briller sur les transparents de presque toutes les maisons de Paris, illuminés le dimanche 21 septembre 1791, alors que Bailly, accompagné du corps municipal, faisait triomphalement le tour de Paris. Il est maintenant devenu l'œil de la Vigilance, auquel rien n'échappe, « l'œil de Marat ». Il orne les cartes du club des Cordeliers qui se proclame surveillant de l'autorité ; il brille sur les timbres des tribunaux, des sociétés révolutionnaires, des Officiers de paix, sur les insignes officiels ou décoratifs [90], jusque sur les sifflets des agents de la sûreté.

L'immixtion directe du peuple dans la souveraineté nationale a ouvert une ère nouvelle à l'art industriel. Tous s'ingénient à la représenter et à l'affirmer de toutes les façons possibles. Une rage de symbolisme sévit sur tout ce qui se voit ou sert à un usage quelconque. Rien n'y échappe, ni le mobilier, ni le costume avec tous ses accessoires. Le triangle, le faisceau de licteurs, le fil à plomb, la pique, le rameau de chêne, le bonnet phrygien surtout, se disputent la vaisselle, les armes, les boîtes, les tabatières, les éventails, les reliures, les cartes à jouer, les lorgnettes, les boutons

90   Challamel, *op. cit.*, t. I, p. 162, 182, 188.

d'habit et boucles de soulier, les pendules, horloges et montres, y compris les clefs et les aiguilles, jusqu'aux bassinoires. Quant au bijou, il passe en première ligne, la bague en tête.

Celle-ci nous prouve que l'Égalité n'a pas cessé de s'arrêter au luxe de la parure, même au paroxysme de la Terreur. Voilà deux anneaux en os ayant comme chaton la tête de la République, coiffée du bonnet phrygien (161-162), qui sont loin d'être des œuvres d'art; on peut leur opposer ce délicat anneau d'ivoire, au bonnet phrygien, conservé au Musée de Dieppe.

Sur le petit chaton carré en méplat d'une bague d'homme en bronze (163), a été gravé grossièrement, sous le même emblème, un simple fil à plomb; en revanche, de chaque côté sur l'anneau, s'enroule une double volute, dont le dessin et le faire décèlent un artiste. Le chaton de cette autre bague, tout en bronze, est une simple plaque ovale de métal, unie et bombée; sur elle on a gravé une tête de mort sur deux tibias croisés, surmontés de deux épées croisées, avec un bonnet phrygien à droite, un fil à plomb à gauche (164). Un décor sinistre de bague de « tricoteuse », mais une élégance de lignes et de proportions que ne désavouerait pas un ci-devant orfèvre de la cour, dans ce vrai bijou sur lequel un ancien artiste, devenu ouvrier en sabres, a retrouvé un peu de son ancienne maestria.

Des mains d'un de ceux-là certainement est sorti cet anneau d'argent, ayant lui aussi pour chaton une simple plaque d'argent ovale bombée, mais plaque délicieusement ajourée et ciselée pour figurer un triangle, coiffé d'un bonnet phrygien, et posé sur une couronne de chêne (165), un petit chef-d'œuvre qui fait penser à David.

Quelle que soit la pauvreté et la sécheresse quasi-géométrique du décor qui est, du reste, rigoureusement et implacablement imposé, c'est là du grand art, issu de la meilleure tradition du milieu du siècle. Mais à côté, il y a la pièce banale, fabriquée en série ; l'une d'elles est ce mince anneau d'argent recouvert d'une petite plaque de métal estampé (166), reproduction servile du cachet officiel de type uniforme, en usage dans toutes les administrations, centres d'autorité et municipalités de France; une autre, cette bague-sceau en argent, avec les emblèmes classiques; le faisceau surmonté du bonnet phrygien et encadré de deux branches de chêne (167).

*
**

Le 13 juillet suivant, Marat tombe sous le poignard de Charlotte Corday. Les manifestations provoquées par cette mort rayent en apothéose. Besoin de culte, par une persistance de l'idée religieuse déformée, ou d'affirmer l'existence des martyrs de la Révolution, opposés à ceux de la Royauté? Toujours est-il que rien n'y manque : affiches, complaintes, litanies, bustes, portraits, médailles et médaillons de bronze, ivoire et plâtre, avalanche comparable à celle qui a suivi la prise de la Bastille, sans parler de la bague qui nous occupe. En voici une, ayant pour chaton un grand camée en pierre noire (168), l'effigie de l'ami du peuple, sertie dans une bordure d'argent, mais elle est une exception. La fin de Marat ravive vite le souvenir de Le Pelletier, assassiné par un garde du corps, la veille de l'exécution du roi, et ils sont dès lors tous deux indissolublement unis dans l'hommage que leur rend la parure. Le type en est banal : portraits alignés, estampés sur une mince plaque d'or, d'argent ou de cuivre, soudée sur un large anneau d'argent très mince, ou uni, ou portant un texte estampé. Il y a des variantes : au-dessus des effigies, figure parfois une étoile; tantôt chaque nom est seulement accompagné du titre *martir de la liberté* (169), tantôt il y a en plus au-dessous de chaque effigie la date, *1793* (170).

Quelques mois après, Chalier vient s'y ajouter; les trois noms sont alors suivis du titre général *Martirs de la Liberté* (171). Signalons pourtant une bague du cabinet Vivant-Denon, aux effigies de Marat et Chalier seuls.

Sur quelques anneaux très rares, une pensée accompagne les portraits (172). Dans son bel ouvrage sur la bijouterie française, M. Vever en a reproduit une, malheureusement incomplète.

Là encore, une pièce confirme ce que nous avons dit des castes dues au luxe. Une marquise en cuivre, de femme, ovale, au même sujet que ces bagues banales, contraste avec elles par son élégance. Le chaton porte, sous verre, les portraits des trois personnages finement gravés en couleur, artistiquement groupés et surmontés d'une banderole avec leurs noms (173). Dans quel salon de la Terreur a pu briller ce bijou hors pair?

Nous avons prononcé le nom de David. Quel est celui de l'artiste auquel il faut donner cette marquise délicieuse qui fait revivre en pleine Terreur l'art exquis du beau XVIIIe? Sur un émail vert mordoré, se détache, entourée d'une guirlande ravissante de fleurettes et de feuillage, la légende en lettres d'or: *Constitution 10 août 1793* (174). Quelle élégante a pu être assez audacieuse pour arborer un bijou de pareil luxe, et daté en vieux style? Peut-être l'une des superbes déesses du cortège de la cérémonie solennelle de ce jour, qui s'est déroulé dans Paris en cinq stations fixées, la première sur l'emplacement de la Bastille, la dernière au Champ-de-Mars.

*
* *

Cette date du 10 août est aussi celle du décret annonçant la destruction des tombes et mausolées royaux de Saint-Denis. Un jeune homme assiste au bris des monuments, à la violation des cercueils, le fils du fameux prestidigitateur et physicien Lièvre, dit *Comus*, intelligent et instruit. Il est là, plus qu'en simple curieux; il amasse des épaves des sépultures, dont il se compose un musée des plus intéressants [91]. De lui sans doute provient ce fragment de plomb de cercueil de Henri IV, sur lequel a été fixé le médaillon en ivoire du profil de ce Roi, placé dans le chaton de cette bague en or (175). De lui aussi, cette touffe de poils de la barbe du Roi, placée sous verre dans le chaton de cette autre (176).

91   Feuillet des Conches, *Causeries d'un curieux*, Paris, 1862, t. II, p. 175.

***

La bague joue aussi quelquefois son rôle dans la politique, autrement que comme certificat de civisme au doigt d'un patriote. A celui d'un suspect, l'intaille antique qui l'orne est, d'aventure, le prétexte d'une confiscation qui fera passer le bijou dans la poche de l'Agent national. Ce dernier y a reconnu le portrait de la Reine, et s'en empare comme pièce à conviction, en prenant à témoin son Greffier qui déclare « parfaite la ressemblance du citoyen! » Sujet amusant, dans une pièce thermidorienne, d'une scène qui est trop vraisemblable pour n'avoir pas été vécue [92].

***

La bague vient de nous montrer Paris sous la Terreur ; elle va maintenant évoquer la France à la frontière, où ses soldats la défendent héroïquement de l'invasion. Mais celle-là n'a rien du luxe, ni de la fantaisie de ses sœurs qui se pavanent dans les fêtes, les cortèges, les tribunes, les clubs. Elle est en os, toute modeste, et bien naïvement gravée (177) ; mais elle peut s'enorgueillir à juste titre du décor de son chaton, un simple méplat : deux initiales seulement E.E. mais au-dessous de quel emblème? Un de ces casques fourrés de la fameuse demi-brigade qui se bat, pendant qu'à l'intérieur, l'on parle et l'on politique.

***

Le 31 Octobre, les Girondins expient leurs présomptions naïves. Ils sont représentés ici par l'un d'eux, des plus brillants, Barbaroux, dans cette miniature en camaïeu, sur le chaton d'une énorme bague d'or (178). Bijou de l'époque où ils étaient les rois de l'opinion.

92   J. Rosny, *Le régime decemviral,* Paris, 1797, p. 35 et suiv.

De cette époque aussi, et s'associant à lui, cette bague-cachet en or, d'élégante, au chaton ovale portant gravé, dans le goût le plus pur du XVIIIe, l'écusson tricolore, un bonnet phrygien sur champ d'azur, l'arbre de la Liberté, surmonté de l'oiseau symbolique sur champ d'or; dans une banderole, sous l'écu, la devise : *Je veux être libre* (179). Elle a orné le doigt d'une des héroïnes de la Révolution, célèbre par sa beauté, ses aventures galantes, ses prétentions littéraires et théâtrales, ses démêlés bouffons avec la Comédie-Française, sa polémique avec Robespierre, sa fin tragique, après son défi romanesque au tribun. Cette devise est celle d'Olympe de Gouges, et cette bague a peut-être été effleurée par les lèvres de plus d'un de ces beaux et jeunes Girondins à figure d'Antinoüs, et servi de prétexte à plus d'un madrigal, entre deux motions à la tribune de la Convention...

Bijou de femme, encore, et d'un souvenir poétique et émouvant, que cet anneau de fiançailles de Lucile Desmoulins, formé, suivant une ancienne coutume, d'un fil d'or et d'un fil d'argent[93].

Thermidor est venu, qui fait jeter un regard en arrière, devant cette longue théorie de bagues à cheveux, anonymes comme des sépulcres blanchis, souvenirs d'êtres aimés, qui s'échelonne jusqu'au Consulat. Elles sont généralement banales et sans art; une exception est à faire, cependant pour ce grand anneau d'or élégant, orné de deux torsades, qui a pour chaton, composée en cheveux, une pyramide couronnée de fleurs supportant des drapeaux (180), probablement la relique d'un général.

Les variétés sont nombreuses. Tantôt un sujet seul : une femme assise, contre une tombe, la tête penchée, contemplant un portrait qu'elle tient à la main (181). Tantôt des initiales ou une pensée : *Souvenir affligeant*, autour d'un nœud de cheveux (182); *Souvenir éternel*, sur une pyramide qu'un amour ailé enveloppe de fleurs (183). Plus rarement, une légende et une date : *Prix de la liberté 28 Thermidor an 2* (184). Celle-ci cache sans doute un drame, car

93   *Coll. J. Destable* (Cat. Expos. du centenaire de 89, n° 932).

elle a appartenu à l'aïeule de notre ami le comte L... S... des T... qui
sauva la vie de son mari emprisonné, en parvenant à faire dispa-
raître de ses papiers mis sous scellés, une lettre compromettante du
marquis de Chamborand à Louis XVI, qui lui avait été confiée.

Mais combien plus parlante encore serait la bague portant un
talisman en arabe que M. de Beauharnais donnait, en passant devant
elle pour aller à l'échafaud, à la belle madame de Custine et que
celle-ci porta jusqu'à sa mort, avant de passer au doigt de son fils,
mort lui-même en 1857 [94].

Depuis la prise de la Bastille, la bague représente aussi la
France à l'étranger, avec l'émigration. En Amérique, le très oppor-
tuniste prince de Talleyrand-Périgord en porte une où figurent trois
lys couchés, avec cette inscription : *Ils se relèveront* [95]. A l'Est, sur
le continent, la plus répandue parmi les émigrés est plus expressive-
ment symbolique dans sa simplicité : un modeste anneau en crins et
perles, ayant pour chaton un losange de perles vertes sur un fond
carré de perles noires (185). Les couleurs du deuil et de l'espérance. C'est l'ouvrage de la sœur du comte de Neuilly qui gagne
sa vie à Hambourg à fabriquer ce genre de menus objets, avec des
rubans et bourses ornés de fleurs entrelacées, de noms et de devises,
des petits chefs-d'œuvre. Elle y travaille à côté de sa mère qui a
installé avec succès un petit commerce de modes, d'objets de lingerie
et de parfumerie. Cette bague est le seul luxe que puissent afficher
les émigrés des deux sexes qui exercent les métiers les plus humbles
et les plus vils. A Hambourg où ils sont plus de vingt-cinq mille,
les porteurs des plus grands noms de France, sont, beaucoup, porte-
faix dans le port, d'autres, garçons épiciers, d'autres, décrotteurs.

94   Marquis de Custine, *Voyage en Russie*, t. I, p. 68.
95   Buonapartiana... A l'Isle d'Elbe et à Paris, 1814, p. 48.

Des prêtres disent la bonne aventure, et vendent des chansons sur les places publiques; un archevêque fait des écritures, pour le public, dans une petite échoppe; l'abbé d'Esparbès est marchand de français, M. de Lemiere, maître d'armes, le comte de Gimel, distillateur, M. du Vivier, marchand de musique. A Erlang, le comte de la Vieuville est commissionnaire au coin d'une rue... Quant aux femmes, moins bien partagées comme ressources, elles vivent de toute sorte de moyens : blanchisseuses, repasseuses, ravaudeuses, raccommodeuses de bas, fruitières, chiffonnières, filles de boutique, apprenties, comme la célèbre comtesse de Virieu, dont les prodigalités capricieuses alimentaient jadis la chronique scandaleuse de Paris [96].

Quelques très rares fortunés peuvent seuls se permettre le luxe de vrais bijoux, et encore, en or très bas, ou en simili. Ils sont généralement allusifs à la famille royale, comme cette bague portant, en camée noir et blanc, l'effigie du Dauphin (186), ou sa silhouette, en noir sur fond vert, qui a passé par nos mains.

La fine et spirituelle société du XVIIIe siècle achève de mourir de faim dans l'émigration; à l'intérieur, sur les ruines de la Révolution, s'est installée une nouvelle couche de parvenus sans éducation ni tradition d'art, avide de vivre en sécurité et de vivre grassement, ayant, avant tout, soif de jouissances. Adieu les élégances raffinées du vrai XVIIIe, disparu avant l'heure, adieu ses délicatesses subtiles, dont la frivolité séduisante savait si bien masquer le scepticisme, finis ses caprices spirituels. La richesse est devenue bruyante, tapageuse, grossière. Bijoux énormes, bien voyants, qui sont autant d'enseignes; fantaisies brutales, ne cachant rien. La

96 Comte de Neuilly, *Dix ans d'émigration*, Paris, 1865, p. 126 et suiv.
— L. M. H. *Voyages et aventures des émigrés français depuis le 14 juillet 1789 jusqu'à l'an VII*, Paris, an VII, p. 25 et suiv.

fille de madame Angot est fière de ses écus qui empestent la marée, et elle tient à les étaler. Elle-même, avec sa joliesse, qu'inspire-t-elle? La devise galante à rébus d'antan lui serait une énigme indéchiffrable. Elle se pâme, en revanche, sur celui qui éclate brutalement à la phalange de son admirateur, sur une énorme et lourde bague en or, au chaton émaillé encore plus énorme : on y lit en lettres d'or dans un encadrement de feuillage vert, coupé par des baies rouges, le rébus *L. E. 100 D.* (faux) (187). (Elle est sans défaut.) Ses narines se dilatent voluptueusement lorsqu'un autre muscadin, plus raffiné, approche de son visage, avoisinant son portrait en miniature (188), une grosse bague d'argent, dont le chaton-couvercle soulevé laisse échapper d'un diaphragme en vermeil, artistement ajouré, les senteurs de deux petites éponges imprégnées de parfum (189). La galanterie, mais c'est elle-même, offerte cyniquement aux regards qui se promènent sur sa gorge, sur ses hanches, sur ses cuisses, et que les dix bagues qui ornent ses doigts de pied invitent à suivre tout son corps [97].

Par exception, au doigt de cette merveilleuse qui se pique de relations diplomatiques, cette bague minuscule, avec le portrait en camée de Pie VI (190) qui expie à Valence, dans l'exil forcé, sa résistance au Directoire.

Pendant ce temps, des soldats en haillons qu'on reniera plus tard, comme des ancêtres pauvres, conquièrent à ces femmes des provinces, électrisés par un jeune, maigre, sec et ambitieux conducteur d'hommes. Il leur en arrive un écho, avec cette forte bague, en or, au chaton formidable en losange, formé d'une mosaïque étincelante (191) ; elle leur évoque l'Italie, au doigt d'un opulent fournisseur de la Guerre, qui bat monnaie avec le riz frelaté et les munitions avariées, que les bureaux complaisants du Directoire laissent arriver aux armées.

97   Arnault, *Souvenirs d'un sexagénaire*, Paris, s. d., t. II, p. 306.

*
**

Quant à la fin de ce régime éphémère, qui est aussi l'aurore du soleil de Bonaparte, il est piquant d'en voir le souvenir dans les cabarets de Paris, sous la forme d'une bague splendide en diamant, d'une valeur de 2.000 écus. Son possesseur l'y promène en triomphe, en brandissant le numéro du *Moniteur* qui fait passer son nom à la postérité. C'est le grenadier Thomas Thomé, qui a sauvé Bonaparte des poignards du Conseil des Cinq-Cents, le 19 Brumaire, et qui fait, entre deux hoquets, le récit attendrissant de son déjeuner, dans le petit hôtel de la rue Chantereine, entre le maître de la maison, le nouveau dictateur, et Joséphine, qui l'a embrassé, au dessert, avec effusion, en lui passant au doigt ce royal cadeau.

Le Concordat de 1801, un témoignage du génie politique de Napoléon, est symbolisé par ce buste de Pie VII, en camée-coquille (192) et en mosaïque (193), montés sur deux bagues de femme en or. Certainement, elles ont assisté au Sacre, au doigt de nouvelles dignitaires de la jeune Cour, et l'une d'elles a voisiné avec le portrait miniature de la beauté à son automne, qui s'épanouit sur cet autre chaton (194).

A côté du génie politique, la science du cœur humain et de ses ressorts dans un large anneau de verre qui synthétise aussi les gloires militaires de l'Empire : une matière nouvelle, destinée peut-être à servir de symbole à la fragilité des serments d'amour dans cette société nouvelle, où les unions, coupées par de longues campagnes, ne sont plus dans la vie que des entractes aussi brefs qu'incertains. Sa mode commence alors : en voici un échantillon simplement cannelé, sans décor, ayant pour chaton, un méplat uni (195). Celui qui nous occupe, et que nous ne pouvons que citer, pour l'avoir eu entre nos mains, commémore la création de l'Ordre impérial de la Légion d'Honneur,le 29 Floréal an X. Le prolongement

98   Combes, *Episodes et curiosités révolutionnaires*, Paris, s. d., p. 292.

du chaton en hauteur a permis à l'artiste de représenter dans sa pâte, en citrate de mercure, l'étoile blanche à cinq branches sur une couronne verte de laurier, suspendue à un large nœud de ruban rouge.

Le 14 Pluviose, an IX, Georges Cadoudal, le conspirateur royaliste Vendéen, est saisi par les policiers, au sortir de la diligence qui l'amène à Paris, où il va mettre à exécution son projet d'attentat contre le premier Consul. Malgré sa force herculéenne, il est solidement maintenu et fouillé. On lui enlève du doigt cette bague (196) qui figurera dans les pièces à conviction, sur la table du tribunal qui l'enverra à l'échafaud.

Cette conspiration avortée est le prélude d'un autre drame. Au commencement de 1804, le général Ordener reçoit la mission d'opérer l'arrestation du jeune duc d'Enghien à Ettenheim, dans les Etats du Grand-Duc de Bade. De là, ses rapports avec la Grande-Duchesse, Joséphine Napoléon, fille adoptive de l'Empereur, qui lui offre comme souvenir une bague en or, aujourd'hui dans notre collection, portant en chaton une aigle éployée ciselée en haut relief dans la masse, et ornée d'incrustations d'émail vert. A l'intérieur de l'anneau est gravée l'inscription : *Joséphine Napoléon, Princesse de Bade au Général Ordener.*

Le Duc d'Enghien a été arrêté et emprisonné à Vincennes. Devant le peloton qui, la nuit du 20 mars 1804, va le percer de balles, dans un fossé du fort, à la lueur blafarde du falot qui a éclairé la lecture de sa condamnation, il porte au doigt une bague en or à son nom et à ses armes. Le bijou sera pieusement réuni plus tard dans le Musée Condé à celle qui renferme une mèche de ses cheveux, coupée lors de son inhumation en 1806. Deux souvenirs, peut-être aujourd'hui jetés au creuset, à la suite d'un vol déplorable.

*
* *

1804. Proclamation de l'Empire, synthétisée par ce chaton, une

N dans un écusson maintenu par l'aigle couronnée (197). L'effigie de Napoléon occupe dès lors, dans ce défilé, la place formidable que sa personnalité a tenue dans le monde. Une iconographie, même limitée à notre sujet, si l'on pouvait la réunir à peu près complète, remplirait un volume, et encore serait-il difficile de dater exactement bien des pièces. Toutes les formes, tous les métaux, toutes les pierres s'y rencontrent : anneau en fonte de Berlin au profil accentué (198) ; anneau de fer avec tête laurée (199) ; de cuivre doré avec tout petit médaillon de pâte blanche à fond rouge (200) ; effigie sur une médaille d'or minuscule, enchâssée dans une bordure d'acier à facettes sur une bague en fer [99] ; bustes accolés à droite de deux membres de la famille impériale, en camée, formant le chaton d'une autre bague de même métal (201) ; intaille sur cornaline de même monture (202) ; camée en pierre dure d'un haut relief serti dans un lourd anneau d'or (203).

La vague similitude du masque de Talma avec le sien donne la vogue aux bagues à l'effigie de l'Empereur de la scène et c'est encore un hommage rendu à Napoléon que celui qui vise le tragédien.

Le mariage avec Marie-Louise provoque des manifestations, en ouvrant le champ aux espérances d'une dynastie. Leur type courant est ce camée en pâte rose, montrant la double effigie du ménage impérial sur le chaton d'une bague en or (204), ou les deux effigies séparées sur un chaton tournant (205) ; plus rares sont celles où figure seule la nouvelle impératrice (206). En revanche, à la naissance du Roi de Rome, nulle trace d'un mouvement national quelconque. « Rien ne vient du peuple, rien ne va à lui, comme pour les autres époques, le Consulat, la Paix générale, Tilsitt, le Mariage. Pas un objet d'usage, pas un bibelot populaire, pas un médaillon, pas une faïence, comme pour marquer l'impopularité de la mère [100]. » Au baptême, qui vaut à l'évêque de Brescia une bague

99 *Musée Le Secq des Tournelles*, Rouen.
100 Frédéric Masson, *Napoléon et son fils*, Paris, 1907, p. 135.

en saphir de cinq mille francs [101], il en est de même. Nombreuses
sont les pièces allusives au rejeton impérial, mais elles sont toutes
de luxe et d'ordre officiel. En voici une en or, ayant appartenu à
M. Barry, archiviste de la Secrétarerie d'Etat (207) ; une autre à
chaton tournant, signalée par M. Vever, représente d'un côté, la
double effigie de Napoléon et de Marie-Louise, de l'autre, celle du
Roi de Rome; deux médailles minuscules, destinées à servir de
chaton, portent, l'une en argent, au droit, la double effigie (208),
l'autre en or, celle du Roi de Rome (209), toutes deux, la louve
à l'avers.

Et pour en venir à Napoléon lui-même, quel rôle n'a-t-elle pas
joué dans sa vie? Non point qu'il se soit jamais paré de bijoux. Il
n'en est pas question dans sa toilette, pas plus que dans *l'Inventaire de 1821* ou dans *l'Etat du mobilier.* La seule qui ait orné
d'aventure son doigt était, au sacre, un anneau d'or portant une
émeraude, emblème de la révélation divine, tandis que celui de
Joséphine, orné d'un rubis, emblème de joie, fourni par le trésor
de la couronne, reposait sur le coussin porté par le Maréchal Ser-
rurier [102].

Mais à côté de ces pièces de grand cérémonial, elles sont légion,
celles qui ont passé par ses mains, à commencer par les bagues
à son chiffre. Celles-là font partie des récompenses d'honneur; il
les distribue lui-même, ainsi que les étoiles de la Légion, les tabatières à son portrait ou à son chiffre. Voilà celle d'argent ciselé
qu'il a offerte au colonel Vandeville (210) ; il offrira la pareille,
dans son voyage aux Pays-Bas, au Curé de N.-D. de Bruges, en lui
allouant 10.000 francs pour la restauration de la chapelle. Si, par
extraordinaire, il en confie une du prix de 1.251 francs à Marie-
Louise pour le conservateur du Musée du département de la Dyle
qu'elle a voulu visiter, c'est qu'il veut, pour la nouvelle impératrice, le rôle de bienfaisance, de grâce, de caresse, de conquérante

101   Frédéric Masson, *op. cit.,* p. 170.
102   Id. *Joséphine impératrice et reine,* Paris, 1907, p. 225, 231.

des cœurs, où Joséphine excellait. Hélas! Elle se contentera de la
faire remettre de sa part, sans l'accompagner d'aucun mot [103] ! La
manne tombe bien des mains des deux souveraines, mais de quelle
façon différente! Ces bagues parlent; écoutez-les. Celles qu'a don-
nées Joséphine s'adressent à leurs sœurs, plus que modestes, qui
veulent rappeler le souvenir de son heureuse rivale : rien qu'à voir
les premières dans leur luxe et leur richesse, on devine leur accent
de mépris : « Avec nous, Joséphine gagnait tous les cœurs ; si
elle achetait tout, et sans compter, ce qu'il y avait de plus beau —
nous en sommes la preuve, — elle donnait tout aussi et de même.
En donnant, elle donnait quelque chose d'elle-même. Elle nous a,
une à une, tirées de son doigt pour nous passer à celui des jeunes
filles de blanc vêtues, qui lui offraient des fleurs; pour elles, elle
détachait elle-même un riche bracelet de son poignet, une montre
de son corsage, mettait de ses ravissantes et blanches mains une
tabatière précieuse dans celles, tremblantes d'émotion, d'un fidèle.
Vous, vous n'avez jamais connu ce geste de grâce généreuse; vous
n'avez jamais été distribuées que, comme une aumône, par la main
banale d'une « femme-rouge »; vous portez la marque de la ladre-
rie, de la faute de goût et d'élégance, du manque de cœur de l'Au-
trichienne. Notre maîtresse, dont les mains faisaient couler un ruis-
seau d'argent, a su nous choisir, comme elle savait se parer. La
plus précieuse d'entre vous, qui ait passé au doigt de la vôtre, n'est
qu'un pauvre bijou de 484 francs... [104] »

En général, le bijou, quel qu'il soit, n'a rien à voir avec les
champs de bataille. La bague que porte à son doigt une jeune et
jolie modiste parisienne représente pourtant l'un des innombrables
épisodes sanglants de l'épopée impériale. Elle lui vient de l'Em-

103   Frédéric Masson, *L'Impératrice Marie-Louise*, Paris, 1906, p. 230, 234.
104   *Id.*, p. 193.

pereur lui-même, en souvenir du siège de Ratisbonne en 1809. Si l'héroïne était restée quelque temps sous le feu meurtrier de l'ennemi entre les deux grenadiers qui l'encadraient, en tête de la colonne, pour la guider au pont donnant accès à la ville, ce n'était pas précisément par courage patriotique, comme l'en félicitait ironiquement l'Empereur, mais à cause de l'ingéniosité de Marbot. Habitant Ratisbonne, et redoutant comme française, les violences des Autrichiens, elle était accourue, affolée, demander protection aux soldats français. Marbot avait eu l'heureuse inspiration de l'employer comme guide forcé. Il faut lire dans ses *Mémoires* le récit pittoresque des émotions de la Parisienne, enlevée par les grenadiers, une fois le pont découvert, au-dessus de la grille de fer d'une chapelle où elle se réfugiait, blottie dans une niche, derrière une statue de la Vierge; sa délivrance de la même façon, au passage du Maréchal Lannes. Celui-ci, intrigué, s'enquérait de l'incident, et le contait à l'Empereur qui en riait beaucoup, et demandait à voir la dame, qu'il rencontrait finalement par hasard dans la rue [105].

Une autre bague symbolise la grande Armée, cette fois dans le courant de la vie mouvementée et accidentée de la jeunesse d'alors. Elle est en cheveux tressés (211), avec le seul fermoir ou plaque de friction en métal, ou uni, ou portant, soit un monogramme, soit une devise. Sa vogue, datant de 1799, dure encore sous l'Empire et elle devient alors la forme classique du souvenir des liaisons éphémères contractées dans les randonnées militaires à travers l'Europe, entre deux batailles, au hasard des haltes rapides, des étapes. Le commandant Parquin nous en a laissé l'aveu. Le jour, où le jeune et séduisant officier de la Garde Impériale est obligé de sacrifier sa cadenette à un règlement impitoyable, il profite de cette mutilation pour s'assurer une provision de cheveux destinés aux bagues qu'il offre d'habitude, avec ses adieux, à ses conquêtes d'une nuit, un hommage de rigueur en campagne, et il faut lire de quelle façon ingénieuse, il reconnait les faveurs de deux cousines, se croyant cha-

105 Général Marbot, *Mémoires*, Paris, 1891, t. II, p. 141 et suiv.

cune la préférée, par le don d'une bague et d'un médaillon, un cadeau de 60 francs [106]!

La campagne de Russie, sonne le glas de l'épopée ; Poniatowski, l'un de ses héros les plus légendaires, évoque les horreurs de la retraite, avec son portrait en miniature dans ce chaton (212).

Napoléon et son fils reviennent, pendant l'héroïque et désastreuse campagne de France de 1814, avec une pièce d'un haut intérêt. En février, l'Empereur songe à la fois à abdiquer et à galvaniser l'opinion populaire en faveur de son fils; il commande, pour la répandre à profusion, une gravure représentant le Roi de Rome, à genoux, mains jointes, visage incliné, en habit de garde nationale, avec l'inscription : « *Je prie Dieu pour mon père et pour la France.* » Elle a une vogue énorme [107]; en voici une réduction en miniature sous verre avec la première partie de la légende, qui forme le chaton d'une bague de cuivre populaire (213).

La non moins héroïque et inutile résistance de Paris termine cette phase. Quelques-uns des soldats alliés, entrés dans la grande cité, porteront en souvenir un anneau en fonte de fer; sur le chaton en forme de petit bouclier, se lit l'inscription : *Paris, le 18 mars 1814* [108].

Après l'Abdication, l'exil volontaire de Napoléon à l'Ile d'Elbe. Sept officiers conjurés s'emploient à son évasion; cette bague leur sert de signe de reconnaissance (214).

Devant ce retour inopiné, Louis XVIII quitte précipitamment Paris pour Gand. Les militaires des troupes qui le suivent reçoivent un brevet signé de la main du duc de Berry, constatant qu'ils ont fait partie de cette armée commandée en chef par S. A. R. D'après un journal du temps, les officiers ont résolu de faire faire une bague portant deux épées en croix avec cette devise : *Ma vie au roi, mon cœur aux dames.*

106 *Souvenirs et campagnes d'un vieux soldat de l'Empire* (1803-1814). Paris, 1892, p. 57, 58, 153, 319.
107 Frédéric Masson, *Napoléon et son fils,* Paris, 1907, p. 172, 173.
108 *Cat. Behring,* Leipzig, 1913, n° 404.

« Cette bague qui vient d'être exécutée, continue le journal, renferme aussi les lettres initiales des membres de la famille royale : L. MT. P. A. F. (Louis XVIII, Marie-Thérèse duchesse d'Angoulême, Louis-Philippe duc d'Orléans, Antoine duc d'Angoulême, Ferdinand duc de Berry). « On a gravé également le nom de celui pour lequel elle a été faite, avec le jour et le lieu où il a passé la frontière. »

« C'est M. Duchemin, bijoutier au Palais-Royal, galerie des Bons-Enfants n° 128 qui est chargé de leur confection; il tient un registre pour éviter toute erreur. [109] »

Nous devons à l'obligeance de M. Henri-Léopold d'Ainezy de Montpezat de pouvoir décrire la bague d'or de son aïeul qui a cette origine. Le chaton peu saillant, est constitué par une petite boîte ovale à charnière servant de reliquaire, le pourtour porte l'inscription : *Ypres le 25 mars 1815*. Le dessus du couvercle porte deux épées en croix, avec le cri : *Vive le Roi quand même!* A l'extérieur du cercle : *Ma vie au Roi. L'honneur à moi. A Dieu mon âme. Mon cœur aux dames*. A l'intérieur du cercle : *Mis de Montpezat, Major of^{ce} d'Etat-Major du M^{re} de la G^{re}*, et à la hauteur du chaton, dans un écusson en forme de cœur, les lettres majuscules L. MT. P. A. F.

On retrouve toutes ces particularités dans une bague analogue au nom de « *Brasseur Jacques conducteur d'artillerie de la Garde royale* » (215). — Il y a toutefois quelques différences que nous signalons, vu l'extrême rareté de ces pièces. Le chaton est plein; il il y a une initiale de plus : *C* (Charles, comte d'Artois); enfin sur l'épaisseur du chaton est inscrit : *Gand, 17 mars 1815*.

La bataille de Waterloo achève de décider du sort de Napoléon, du régime et de la fortune de la France; la voilà évoquée, avec cette

109 *Carnet de la Sabretache*, mars 1904, p. 188.

effigie de Wellington, sur un chaton, portant en exergue *Bataille de Waterloo, 18 juin 1815* (216).

La seconde abdication et Sainte-Hélène. Dans un étui en galuchat, repose une mignonne bague de femme, en or ciselé; le chaton est remplacé par un trois mâts en ronde-bosse. Au-dessous sont gravés les deux mots : *Il reviendra* (217). N'est-ce pas le Bellérophon, emportant sa proie? Un document postérieur peut-être, mais qui trouve trop bien sa place ici, pour que le lecteur admette le rapprochement.

La Restauration. — Nombre de bagues de luxe affirment par l'effigie du Roi les convictions des fidèles du nouveau régime. Elle y figure presque toujours en miniature, tantôt seule, comme sur ces deux pièces (218) (219), tantôt associée à la duchesse de Berry, dans un chaton tournant, tantôt avec la famille royale, le duc et la duchesse d'Angoulême et le Duc de Berry dans un médaillon rond accosté de deux petites fleurs de lys d'or [110].

Sur cette autre aussi à son effigie en miniature, se lit sous verre au revers du chaton, la légende en lettres dorées: *Dieu le veut* (220).

Quelques-unes portent seulement le portrait du duc de Berry (221).

La plupart des officiers des Cuirassiers de la Maison du Roi en portent sur lesquelles il y a : « *L'honneur à moi.* » Cela veut dire : « Nous avons été à Gand » explique ironiquement le maréchal de Castelnau, en les traitant de « greniers à coups de sabre » [111].

Au début de la Restauration, le nom d'un des héros de la guerre de Vendée est l'objet d'une manifestation touchante. L'ordonnance du 1ᵉʳ septembre 1815 supprimait les deux compagnies de Gardes du corps créés en 1814, la Maison rouge, les Gardes de la Porte, et décidait que la Compagnie des Grenadiers à cheval cesserait son service au 1ᵉʳ novembre suivant pour entrer dans la composition du Iᵉʳ Régiment des Grenadiers à cheval de la Garde.

110 *L'Intermédiaire*, LXVI, 1335-94.
111 *Journal du maréchal de Castelnau*, Paris, 1895, t. I, p. 329.

Dans sa séance du 1ᵉʳ août 1816, le Conseil d'Administration de l'ancienne Compagnie des Gardes à cheval de la maison du Roi, pour marquer leurs regrets d'être séparés de leurs compagnons d'armes, et ceux d'avoir perdu leur intrépide chef, le marquis de la Rochejaquelein, prenait la résolution unanime de faire faire des anneaux portant en dessus, en conformité des anciens étendards de la Compagnie des Grenadiers à cheval, une grenade éclatante avec la devise : *Undique temor et undique lethum*; d'un côté de cette grenade, le mot *Honneur* et de l'autre celui de *Fidélité*. En dedans, deux mains réunies, et d'un côté écrit : *Le Marquis de la Rocheja-quelein*, de l'autre le nom de l'officier, sous-officier ou grenadier qui devra porter le dit anneau (222) ; et que ces anneaux seront distri-bués par le digne frère de feu leur brave Capitaine-Lieutenant, M. le comte Auguste de la Rochejaquelein, colonel du 1ᵉʳ régiment des Grenadiers à cheval de la Garde royale [112].

L'une de ces bagues en or, pour doigt de femme, dont nous de-vons la communication à l'obligeance du comte de Saint-Saud, der-nier descendant de la famille et possesseur des étendards de la Com-pagnie dissoute, fut remise à la veuve du Marquis dont le prénom, *Victorine*, est gravé à la place réservée au nom du bénéficiaire.

Sur une autre de la même collection, au nom de *Orange, F. x. P.*, la date *1816* est gravée au-dessus des mains croisées.

La grenade éclatante dans une même bague de notre collection, au nom de *Mougin*, est accompagnée de la devise : *Honneur et patrie* (223).

Dans son *Histoire de la Maison du Roi*, le colonel Titeux a re-produit une bague de mousquetaire, dont le chaton porte l'insigne de l'arme, la croix fleurdelisée avec les flammes entre les branches et une devise chevaleresque.

Enfin, une tradition rapportée par G. Cottreau veut que peu de

112 Marquise de la Rochejaquelein, *Mémoires*, Paris, 1817, p. 485. —
     Colonel Titeux, *La Maison militaire du roi*, Paris, 1890, t. II,
     p. 126.

jours avant de quitter leur service, les mousquetaires furent présentés par leurs chefs à la duchesse d'Angoulême qui leur distribua
des bagues d'argent, un anneau uni avec chaton en forme d'écu
héraldique portant des armoiries de fantaisie [113].

Suivant la remarque de cet auteur, la Restauration est la seule
époque de notre histoire où l'on voit des bagues militaires; nous en
rencontrerons un autre cas quelques années plus tard.

Les pages de la Maison du Roi portent aussi la leur en or.
Sur le chaton ovale, la légende en relief : *Unis et fidèles*. A l'intérieur de l'anneau, sont gravés le nom du possesseur et la date.
Henri de Larochejaquelein Page du roi, 1823, se lit sur celle du
comte de Saint-Saud.

Ces bagues royalistes ont leur pendant avec celles qui procla-
ment le culte de l'Empereur, et qui sont nées avec elles, car le culte
domestique de Napoléon commence en 1814 et ira en croissant jusqu'en 1830. Elles s'ajoutent à une quantité innombrable d'objets
usuels, assiettes, tasses, pichets, pots à tabac, pelles, pincettes, ra-
soirs, chenets [114]... Quelque chose d'analogue à ce que l'on a vu sous
la Révolution.

Entrons au café Lemblin où les demi-soldes se réunissent pour
prendre leur demi-tasse de café, souvent leur unique repas. Les
redingotes déformées et élimées, étroitement boutonnées, dessinant
le torse comme une tunique, le col relevé et serré comme un carcan,
pour dissimuler la pauvreté ou l'absence du linge, le demi-castor
sans poil, luisant, solidement enfoncé sur la tête, les dénoncent. Sur
le pommeau des cannes, sur le fond des tabatières, sur le fourneau
des pipes, se dessine le profil séditieux. La bague ne parle pas

113 G. Cottereau, *Bagues militaires de 1815 et 1824* (Carnet de la Sabre-
      tache, mars 1904, p. 186).
114 H. Houssaye, *1814*, Paris, 1894, p. 57.

moins, à ces mains qui ont donné des coups de sabre à travers toute
l'Europe. Au doigt de ce lieutenant à moustaches grisonnantes, à
la face traversée par le sillon d'une profonde estafilade, un grossier
anneau de bronze porte en chaton caché dans la paume de la main,
une rondelle de même métal maladroitement découpée où se détache
une *N* en relief (224). A une autre main, un large anneau d'argent
porte gravée à l'intérieur, la légende *Napoléon Bonaparte* (225).
Plus loin, le chaton en creux d'une bague de bronze doré, avec
décor de palmettes, semble une simple plaque de cornaline polie :
c'est de la cire qui fondue, le soir, à la flamme d'une chandelle,
dans la chambre, entre amis sûrs, laissera voir le relief de l'idole
en pied, dans l'attitude légendaire (226). Au doigt d'un autre, un
simple anneau d'or uni renferme dans le jonc un Napoléon minuscule qui se dressera, en pressant une lamelle à ressort (227). Plus
d'une de ces pièces verra les duels à mort, qu'a fait revivre d'Esparbès, avec les officiers royalistes qui fréquentent le Valois.

Il y a aussi les bagues de luxe. La plus curieuse que nous ayons
vue est en or, ornée d'élégantes palmettes sur l'anneau, avec une
ravissante tête de face, de jeune enfant, en corail (le roi de Rome)
comme chaton. Celui-ci est creux, et laisse voir dans le fond un
buste de Napoléon gravé, par un opercule à charnière placé à
l'intérieur.

En 1820, la guerre de l'Indépendance grecque passionne l'Europe. Lormeau, habitant rue de Verneuil n° 27, invente et fait bre-
veter un bijou de circonstances, *la bague phillelénique* [115]. Sa vogue
dure assez longtemps pour qu'en 1828, un guide du bon ton la critique : « Quelques jeunes gens portent aussi des « bagues phillé-
lénes ou de quelque association secrète; cela est moins ridicule sans

115   Vever, *La bijouterie française au XIX° siècle*, Paris, 1906, t. I, p. 118.

être bien; un homme libre, indépendant, a ses opinions politiques, morales ou religieuses, mais ne les affiche pas [116]. »

Le 13 février de la même année, l'assassinat du duc de Berry met le deuil à la mode. « C'est une fureur que les bijoux noirs; le jais, le fer et toutes les compositions noires s'emploient sous toutes les formes. Chaque boutique de nos bijoutiers semble être une boutique consacrée au deuil; on voit des colliers en camée noir, ou des chaînes croisées dans tous les sens... puis les Sévignés, les nœuds, les épingles, les lorgnons... les peignes, les bagues, enfin tout se trouve [117]. »

Parmi ces derniers bijoux, l'un d'eux, en fonte de fer, présente l'effigie du duc de Berry (228) ; l'autre, directement commémoratif a été très répandu, par son caractère politique. Sur l'anneau, de chaque côté du chaton portant l'effigie de profil du prince, se lit sur deux lignes séparées par des larmes, une phrase légendaire du défunt : *Il y a de l'écho en France quand on y prononce les mots d'honneur et de patrie* (229).

Citons aussi une bague en argent ayant pour chaton une petite médaille en étain avec le portrait du duc et la légende *Ferdinand duc de Berry*, en exergue (230).

C'est à la même époque, sans doute, qu'il faut, suivant l'indication de M. Vever, rapporter toute une série de bagues en fonte de fer d'une finesse remarquable (231-232-233), et plus particulièrement une qui porte en creux une tête de mort sur des tibias croisés (234).

Après l'assassinat du duc de Berry, suivi de la naissance du duc de Bordeaux, quelques villes de France offrent à sa veuve, la duchesse, une bague commémorative de leur serment de fidélité. La duchesse, le bras levé, reçoit le serment que lui font, les bras tendus, trois personnages inclinés devant elle (235). Au-dessus de la composition : *gravé par Cocardon*. En exergue, la légende *Union Hon-*

116 Martin, *Manuel de l'homme du monde*, Paris, 1828-1829, p. 290.
117 Vever, *op. cit.*, t. 1, p. 134.

neur Fidélité. De chaque côté, sur l'anneau et perpendiculairement
à lui, les noms des villes : *Carcassonne, Pau, Mont-de-Marsan, Agen,
Toulouse, Auch, Bayonne, Tarbes, Tours, Périgueux, Bordeaux,
Marseille, Toulouse, Nîmes, Montpellier, Perpignan, Montauban,
Brillières, Saint-Sauveur, Avignon.*

L'année suivante, un autre deuil, deuil national. Le 5 mai 1821,
Napoléon expire à Saint-Hélène. Sa mort provoque un regain d'enthousiasme dans son culte. L'une de ses manifestations les plus artistiques est certainement ce jonc d'or ténu pour doigt de femme,
qui porte, en chaton tournant, une médaille minuscule de bronze
sertie dans un cercle d'or. D'un côté, le profil de l'Empereur; de
l'autre, sur quatre lignes : *Il passe à l'immortalité le 5 mai 1821*
(236).

Une miniature dans le chaton d'une bague en or à huit pans
le représente sur son lit de mort, avec l'inscription : *Ils me seront
toujours chers* (237). Même légende autour de cheveux placés sous
verre dans un chaton ovale [118]. Un lourd anneau d'argent avec son
buste ciselé en ronde bosse dans la masse, sur un chaton circulaire;
Napoléon est coiffé là du petit chapeau légendaire (238). Il court
aussi un type connu, et pour ainsi dire classique, de pièce commémorative; une lamelle à ressort soulevée laisse voir, dissimulé dans
l'épaisseur de l'anneau, l'Empereur étendu dans son cercueil (239).
Il en existe plusieurs variantes; dans l'une d'elles, l'anneau porte
une *N* couronnée entre deux écussons.

En 1823, une bague militaire commémore l'expédition d'Espagne, sous le commandement du duc d'Angoulême. L'exemplaire
de la collection Cottreau qui l'a décrite, est en or (240); nous en
avons vu une en cuivre doré, ce qui permet de croire, malgré sa rareté, qu'elle a été fabriquée en nombre. Sur le chaton ovale, on lit
en exergue *Fidélité Honneur Discipline.* Sur l'anneau, perpendiculairement à lui et aussi en relief, les noms des faits d'armes de l'expédition. La scène figurée sur le chaton est signée *Coquardon.* Est-

118   *Coll. Forgeron,* n° 317.

ce le *Cocardon*, auteur de la bague offerte à la duchesse de Berry par les villes de France?

L'opposition libérale sous la Restauration se manifeste d'une façon toute particulière à l'occasion de la mort du général Foy, en 1825, après dix années de lutte parlementaire contre les ultras. Ses funérailles ont un caractère imposant de deuil national. Une souscription populaire produit un million pour ses cinq enfants sans ressources. Cet enthousiasme nous est resté par deux bagues en fonte de fer noire portant au chaton l'effigie du général, en exergue son nom et la date de sa motr *28 novembre 1825*, de chaque côté sur l'anneau *La France en deuil*. Il y en a deux variantes. Dans l'une, le chaton plus grand dépasse l'anneau, et le profil de l'effigie beaucoup plus grande est à gauche (241), alors que l'autre est à droite (242). Nous en avons vu des exemplaires en argent.

Cette bague politique est l'une des pièces populaires restées les plus communes, il y a quelques années, dans le commerce de la Curiosité; ce détail, à rapprocher de celui que nous avons signalé pour la Ligue, montre l'amplitude du mouvement qui l'a fait naître.

Les journées de 1830, les Trois Glorieuses : Elles provoquent une avalanche de pièces populaires commémoratives, fabriquées à la hâte, beaucoup en fer-blanc ou cuivre mince estampé, insignes, médailles, cocardes, médaillons, mais pas une bague que nous sachions; elles ont été trop soudaines, rapides et mouvementées pour cela.

Le nouveau roi Louis-Philippe porte au doigt une bague-talisman, un « kainaoth », qui a toute une histoire. Elle avait été donnée ,dit-on, à son père, le duc d'Orléans, lors de son voyage en Angleterre, par le rabbin Falk-Scheck, comme devant lui assurer le trône. Au moment de monter à l'échafaud, Philippe-Egalité la remettait à une juive, Juliette Goudchaux, qui la faisait passer au duc de Chartres. Louis-Philippe garda ce bijou jusqu'à sa mort, et le transmit au moment d'expirer, au comte de Paris.

Nous n'avons jamais rencontré d'autre pièce relative à lui qu'un anneau énorme en argent, ayant comme chaton de même métal une médaille de concours agricole à son effigie, et un mince anneau de crins et de perles, à trois fleurettes bleues sur fond blanc, et le reste rouge, sur lequel se lit la légende : *J'aime mon roi* (243). Ceci, soit dit en passant, peint le niveau de l'art et de l'idéal dans cette cour aux prétentions modestes; on ne peut en dire autant du parti légitimiste qui semble, au contraire, avoir pris à cœur d'affirmer ses revendications avec toutes les ressources de la bijouterie.

Au lendemain même de la révolution de Juillet, elles se donnent jour avec cette bague-dizaine en argent, ayant pour chaton une petite médaille d'argent. Au recto, l'effigie à gauche du jeune prétendant, le fils du duc de Berry, né en 1820, sept mois après la mort de son père; en exergue: *Henri 2 août 1830*. A l'avers : trois fleurs de lys sur le mot *Immortels* (244).

De la même époque, sans doute, ce large anneau mince d'argent, affichant plus discrètement les opinions de son possesseur; un double cœur en relief (un type vendéen) dont l'évidement formant écusson porte en relief une fleur de lys; de chaque côté, sur l'anneau une fleur de lys plus grande (245).

Deux ans plus tard, la duchesse de Berry tente de soulever la Vendée. Ses partisans portent des bagues de divers types pour affirmer leur dévouement. La plus luxueuse, rarissime, est un anneau d'écaille, ceinturé d'or estampé avec la devise : *Madame, votre fils est mon roi* (246). La même légende se lit en réserve, sur un anneau de cuivre, émaillé en vert (247), une pièce populaire encore plus rare; elle figure, dorée en relief, sur un autre anneau d'argent dont le chaton est une plaque ovale, avec l'effigie en profil de la duchesse (248), en relief.

Sur un autre anneau minuscule en écaille ceinturé d'or, au-dessus du mot *Madame* sur le chaton, sont gravées les lettres *H. V.* séparées par une couronne royale (249).

En 1831 et 1832, les prisonniers royalistes détenus à la prison de Nantes en fabriquent en perles et en crins portant les unes

les lettres *V H* et une fleur de lys dorée (250), les autres avec
les lettres *V H V* (Vive Henri V) et un petit calvaire.

En 1836, une perquisition dans la même ville amène la saisie
de bagues fleurdelysées avec la légende déjà citée [119].

Une autre pièce rarissime est une relique commémorative du
départ de la duchesse, de Blaye, pour sa campagne de Vendée. Au
moment où elle monte à cheval à la tête de ses partisans, quelques
fidèles lui réclament un souvenir; ils se partagent les brins coupés
d'une aigrette qu'elle détache de sa toque, et les conservent dans le
chaton à double verre de bagues (251). Des cheveux, donnés à d'autres, servent à dessiner un *C,* son initiale, inséré de la même façon
dans des chatons.

Les péripéties romanesques de la campagne de Vendée. D'un
champ, près du château de la Penissière, où eut lieu un engagement,
provient cette lourde bague en argent doré : le monogramme *H V*
et une croix d'où partent deux fleurs de lys flamboyantes : à l'opposé, en gothique, *Dieu le veut* (252). Sur cette autre d'argent, en
forme d'anneau, un grand *H* sur un cœur et la légende en gothique :
Au roi je suis (253).

D'autres bagues minuscules de femme, en or, très élégantes, bagues de salon, ne visent que le régime, sans rien de personnel pour
le prétendant; elles font la contre-partie des bagues séditieuses bona-
partistes. Ces deux chatons ovales émaillés portent, l'un, trois fleurs
de lys (254), l'autre, une seule (255), avec l'inscription *Vive le roi.*

Les bagues à secret relatives au prince sont particulièrement curieuses, car elles ont été fabriquées, non pas en série, mais spécialement pour tel ou tel personnage de marque.

En les classant approximativement par date, citons d'abord trois
pièces en or dont nous devons la description au commandant Bau-
quier. La première, de sa collection, porte un chaton ovale à charnière, sur lequel est gravée une pensée, et qui soulevé, laisse voir
l'effigie du jeune prince à l'âge de douze à treize ans.

119 *Invent. Parenteau,* p. 119.

La seconde est à chaton tournant; d'un côté, le portrait du prince à gauche, *Henri de France* en exergue; de l'autre une croix pattée émaillée, entourée de deux palmes de laurier; les mots *Fides* en haut, *Spes* en bas. Ce type est courant sur les médailles de 48.

La troisième, de la collection de M. L. Granet de Roquemaure, du type chevalière, à corps creux et relief estampé, a un chaton rectangulaire tournant; d'un côté le buste du prétendant adolescent à droite, de l'autre, une croix grecque potencée avec les mots *Fidélité* en haut, *Espérance* en bas, le tout en or sur champ d'azur émaillé, le jonc décoré d'une tige de lierre avec baies en relief.

Une autre, très lourde, également en or, est d'époque postérieure; le chaton carré uni à charnière laisse voir une plaque portant émaillée en bleu la devise : *Tout pour la France et par la France*. Cette plaque à charnière, en tombant par son poids, découvre une médaille ovale portant l'effigie à droite du prince portant la barbe : en exergue, l'inscription *Henri V roi de France*. La médaille ovale est aussi à charnière ainsi qu'un volet qui la supporte; à l'avers, l'inscription *Dieu donné*. Le chaton est accosté d'ornements en relief au milieu desquels est une tête avec une couronne de fantaisie (256).

Cette longue série comporte même des bagues reliquaires. Sur le chaton ovale d'un anneau d'or, renfermant sous verre une mèche de cheveux, se lit l'inscription : *Précieux souvenir. Cheveux de Henri V. Londres Janvier 1844. Coupés par le Général Brèche. Succession Clery. Hôtel des Ventes de Rouen, 10 mars 1896* (257).

En voici une autre en or, plus documentaire. Sur le chaton carré, une *H* surmontée de la couronne royale et coupée par une ancre; sur l'anneau de chaque côté, un rameau de fleurs, le tout émaillé blanc sur fond or. Le chaton creux s'ouvre à l'intérieur par une lamelle à charnière (258); il a été évidemment destiné à recevoir une relique du prince, et il est intéressant de le rapprocher, à ce titre, de la bague militaire de 1815 du marquis de Monpezat.

Nous revenons à Louis-Philippe et à sa famille, avec le duc d'Aumale, dont le nom se rattache à la conquête de l'Algérie. A l'occasion de son premier fait d'armes, la duchesse d'Orléans lui donne une bague en or, aujourd'hui au musée Condé. Sur le chaton de lapis est gravée une épée et le mot *Incepi;* sur l'anneau, l'inscription : *Combat de l'Affroun, 29 avril 1840, 1er Chasseurs d'Afrique* [120].

Pie IX trouve ici sa place par la campagne de France en Italie, et la prise de Rome en 1849 pour le réintégrer dans les Etats pontificaux. Un camée en cornaline, formant le chaton d'un anneau d'or, représente son buste. D'autre part, sa popularité est affirmée par une médaille d'argent de 1865, à son effigie, montée en bague (259), qui fait suite à une autre populaire en cuivre, creuse, à chaton ovale estampé, le représentant de profil à droite (260). Cette dernière est, en effet, datée par sa facture identique à celle d'une bague à la tête de la République de 1848, coiffée du bonnet phrygien (261).

*
* *

1848. — Les Barricades. Les voici avec leur date 28, 29 février. Une pique plantée au sommet, entre les pavés, est coiffée du bonnet phrygien. De chaque côté, flotte au vent un drapeau dont la hampe est assujettie comme la pique. Et près de ce chaton parlant, en cuivre soudé sur une épaisse bague d'argent (262), voilà une autre pièce en bronze fondu, non moins évocatrice. Sous un triangle égalitaire, muni du fil à plomb, les têtes de profil de deux personnages se font vis-à-vis (263), deux idoles de la rue, Barbès et Blanqui sans doute, deux vieilles barbes du régime.

A la suite de ces deux souvenirs rarissimes, une longue théorie, à la tête de la République. La variété de leurs types est un reflet curieux et de la durée du régime, et de la diversité des aspirations qu'il incarne. Dans une lourde bague en fer ciselé, la déesse est de face, souriante, une abondante chevelure encadrant son visage, un minuscule bonnet phrygien sur sa tête (264). Dans une toute mi-

120 *Musée Condé* (Cabinet des gemmes, n° 452).

gnonne bague en fonte de fer, elle semble une nymphe boudeuse (265). Un camée artistique, en lave rouge, enchassé dans un chaton d'or, la montre de trois quart, avec l'aspect serein d'une Minerve (266). Ce n'est rien moins qu'une Marianne farouche dont le profil est accentué en relief sur ce grossier anneau de bronze, entre un niveau et deux mains croisées (267) qui font penser à l'action des Sociétés secrètes.

Un nom qui incarne la poésie et son heure dans cette politique, le nom de Lamartine qui se lit sur la tranche d'un anneau d'or contenant des cheveux de lui, un don de sa nièce mademoiselle de Jussieu Senevier au Musée de la Légion d'Honneur. Ils sont renfermés dans deux gorges à feuillure ménagées à même l'épaisseur de l'anneau, et fermées par deux lames flexibles à charnière s'emboîtant dans un évidement. Un petit chef-d'œuvre de précision, devenu assez rare pour mériter ici une place (268).

La Présidence décennale et la propagande populaire pour l'acheminement à l'Empire. Elle s'exerce, notamment, en rappelant les gloires militaires de Napoléon. Ces trois bagues originales, garanties par le dépôt légal, n'en sont-elles pas un chapitre? Elles évoquent, en effet, par un type uniforme qui sent la commande, les noms populaires de Marceau (269), Hoche (270) et Kléber (271), tous les trois officiers de fortune, restés les plus vivaces dans la mémoire enthousiaste des jeunes générations.

Napoléon III. Des pièces de monnaies montées en bague (272); plus fréquemment, des anneaux d'argent unis à l'extérieur, mais portant à l'intérieur en saillie : *Napoléon III* et l'année; bijoux populaires fabriqués avec des pièces de monnaie dont l'artiste s'est ingénié à conserver l'exergue.

Le Prince Impérial. Une minuscule bague d'or, portant au chaton un rubis entouré de quatre perles en croix avec filet d'émail noir. Sous le chaton, une jumelle microscopique laisse voir le buste du Prince enfant orné du Grand Cordon (273). Un souvenir donné, dit-on, aux enfants qui étaient ses compagnons habituels de jeu. Il en existerait du même modèle en cuivre.

L'armée. Cet anneau d'argent portant au chaton une grenade entre deux croix de Lorraine sur le jonc, au-dessus du chiffre *4* (274) ; une parure spéciale du 4ᵉ régiment d'artillerie, cantonné à Metz.

Les guerres du règne. Celles de Crimée d'abord, avec ce lourd anneau de cuivre jaune à facettes, sur lequel est monté un obusier mobile sur ses essieux (275) ; un souvenir du siège de Sébastopol, dû peut-être à l'ingéniosité d'un artilleur, dans les loisirs de ses longues factions.

La campagne d'Italie figure ici de façon pittoresque. La doyenne des cantinières de l'armée française, devenue nonagénaire, portait encore, il y a quelques années, avant sa mort à Milhau, les bagues déchiquetées par le plomb autrichien qui avaient préservé son annulaire à la bataille de Solférino, alors qu'elle secourait vaillamment des blessés au début de l'action. Le premier soldat qu'elle pansait était un Cent-gardes frappé aux côtés de l'Empereur. Elle y perdait le petit doigt qu'il fallait amputer. Les bagues étaient présentées à Napoléon III et au maréchal de Saint-Jean d'Angély, et un décret impérial du 26 juin 1859 décernait la médaille militaire à « la petite mère » des *vitriers* de la Garde.

Les mœurs du Second Empire : le portrait sur émail au chaton de cette bague d'argent (276) ; portrait d'une demi-mondaine, peut-être Cora Pearl, ou la reine Pomaré, à moins que la petite toque classique en bataille, qui pare ce minois aguichant, ne veuille symboliser le règne cascadeur de la grande duchesse de Gérolstein, et les allures du bataillon peu farouche des beautés de Mabille qui fait rêver les modestes débutantes de la Rive Gauche, réduites à un pauvre anneau de cuivre (277).

Une autre enfin évoque à Chantilly la polémique fameuse du gouvernement impérial et du duc d'Aumale, dont le nom s'associe avec le portrait, sur le chaton, de son fils aîné, le prince de Condé, mort à Sydney en 1866 [121].

121 *Musée Condé* (Cabinet des gemmes, n° 85).

***

1870. L'année terrible : la guerre allemande, l'invasion, le siège de Paris. Avec les éclats d'obus tombés sur la Cité, la maison Froment-Meurice frappe des anneaux artistiques commémoratifs, marqués à son nom. Sur le pourtour, deux branches de laurier dont les extrémités se croisent derrière un écusson aux armes de la Ville de Paris; à l'opposé, sur un cartouche, l'inscription en cinq lignes : *Tous au danger, tous à l'honneur 1870-1871* (278). Une variante porte, au lieu des armes, le monogramme *A M* (Ave Maria) (279). Quelques exemplaires sont argentés.

Les tristes suites de la guerre : le traité de Francfort. Jules Favre le scelle avec une intaille antique, une Diane debout, s'apprêtant à tendre son arc, le chaton d'une bague des Naundorff (280), donnée par eux à leur ancien avocat, vers la fin du second empire.

La spoliation de l'Alsace et de la Lorraine fait surgir des bagues de protestation et de souvenir (281-282-283) que porte pieusement la jeunesse d'alors. La fidélité patriotique à la résistance dans la défaite est l'origine de la *Ligue des Patriotes*, à laquelle est reliée la noble figure de Paul Déroulède; la bague des ligueurs est en argent ou en cuivre (284); son chaton ovale est orné de la réduction du bas-relief de Rude : La patrie en danger; en exergue la légende *France souviens-toi*, au-dessous, la date *1871*.

Projet de restauration monarchique en 1873. Les partisans du comte de Chambord la devancent de leurs vœux; il les affichent par cette petite bague de femme en argent (285) : pour chaton, un écusson fleurdelisé sur émail bleu surmonté d'une couronne royale ; sur l'anneau ajouré, une suite de lettres *H. V.* en auteur.

Funérailles grandioses de Victor Hugo en 1885. Quelques bagues de luxe sont inspirées par l'enthousiasme; l'un des types, en argent, porte son masque ciselé; sur une autre, hors commerce, d'un artiste connu, son masque entouré d'attributs fait pendant à celui du Dante.

L'année suivante, décret frappant d'exil les anciennes familles régnantes de France. Il atteint le duc d'Aumale. La devise : « *J'attendrai* », gravée sur le chaton en jaspe sanguin de sa bague d'or ciselée [122] est prophétique, car il peut rentrer en France en 1889, et il se venge, en Français, de l'ostracisme dont il a été la victime, en faisant à sa patrie le legs plus que royal, où figure ce bijou.

C'est l'année du centenaire de la Révolution, célébré par une Exposition universelle; il est commémoré par des fêtes d'un art incomparable, dont il ne reste que des insignes de pacotille qui reflètent l'enthousiasme populaire. En voilà deux échantillons avec ces bagues de fer blanc estampé et peint, l'une carrée avec les lettres *RF* (286), l'autre avec une tête de profil de République coiffée du bonnet phrygien (287).

L'alliance franco-russe. Pendant le séjour d'Alexandre III à Paris, en 1893, les bibelots de circonstance font fureur; on s'arrache des bagues populaires émaillées à l'effigie du tzar et du Président Carnot (289); sur d'autres, chacun d'eux figure seul (289-290). Autre visite du tzar Nicolas II à Paris en 1896 et nouvelles bagues populaires à l'effigie, soit du tzar (291), soit de la tzarine (292), qui ont leur pendant avec l'effigie du Président Félix Faure (293) et de la République classique au bonnet phrygien (294).

Une campagne violente contre l'influence juive, suivie du scandale de l'immixtion officielle de la franc-maçonnerie dans l'Etat, soulève des protestations qui se groupent; en voici un écho dans cette bague d'argent (295), signe de ralliement anti-maçonnique, avec sa devise *La France aux Français*, autour du monogramme : *G. O. F.* (Grand Orient Français), avoisinant une bague maçonnique en cuivre (296).

1900, la dernière année du siècle. *L'Exposition Universelle* ne laisse pour nous d'autre souvenir spécial que deux anneaux. L'un d'eux, en cuivre doré, orné d'un faux grenat, porte en relief la légende *Exposition 1900* (297); l'autre, en argent, est une repro-

122 *Ibid.*, n° 455.

duction en miniature de la Grande-Roue; sur une tranche : *Exposition universelle 1900, Fortune et bonheur* (298).

Cette même année, pour la première fois depuis Talma, un nom de femme, qui incarne l'art dramatique en France, Sarah Bernhardt, dans *l'Aiglon* dont le succès répond à des aspirations de retour au régime impérial. Aussi la bague ciselée en argent (299) qui commémore le triomphe de la grande tragédienne sous la figure du roi de Rome, s'associe-t-elle à des bagues populaires de propagande qui portent soit une aigle éployée (300), soit le profil légendaire de Napoléon (301), ce dernier plaqué, dans une série, sur un anneau aux armes de Lorraine (302).

1914. La date fatidique où l'Allemagne, l'éternelle provocatrice, avide et envieuse, provoque délibérément la guerre mondiale, en se parjurant. Maintenant, le champ est trop vaste, les éléments fournis par notre bijou sont trop nombreux pour être présentés tous. Leur catalogue raisonné serait une histoire complète de la guerre; nous ne donnerons que les plus typiques tirés de notre collection. Il y a, d'un côté, la bague commerciale, de curiosité et de souvenir, répondant à un événement, à un courant d'idées, à l'enthousiasme pour un personnage; de l'autre, la bague personnelle, fabriquée dans les tranchées par les poilus, avec l'aluminium des obus ennemis, le bronze des cloches brisées, souvenir intime destiné soit à l'artisan lui-même, ou à une fiancée, une épouse, une marraine de guerre, un parent, un ami.

La première parue, due à la spéculation, se vend comme fétiche: un clou en fer recourbé (303), nickelé ou doré, qui est annoncé en mars 1915 comme « la bague-talisman que portaient nos aïeux lorsqu'ils combattaient contre les Germains ». Elle a peu de vogue.

La bague patriotique la suit : ce sont les couleurs nationales figurées tantôt par trois pierres vraies ou fausses, saphir, diamant et rubis, alignées sur l'anneau, tantôt par les couleurs d'émail d'un écusson formant chaton. Dans un autre type, l'écu coupé en diagonale par le mot *souvenir*, porte de chaque côté la date *1914* et *1915*, et l'anneau est formé par deux branches de laurier à jour qui vont en se rétrécissant. Dans cet autre, l'écusson est ovale, et les mêmes dates se lisent de chaque côté en relief sur l'anneau.

Plus variées sont les bagues allusives à l'Alsace-Lorraine : médaillons de Jeanne d'Arc, croix de Lorraine, jeune Strasbourgeoise avec la coiffure à nœud de ruban, écusson tricolore barré par la date, *1914*, et les mots *Alsace-Lorraine* sur l'anneau.

Mais aucune n'est à proprement parler, militaire. Celle qui ouvre la série de ces dernières est assurément ce mince anneau d'argent, portant en relief les noms des puissances alliées du début, séparés par deux mains croisées : *France, Angleterre, Belgique, Russie*. A la suite, une longue théorie, où l'imagination s'est donnée libre cours pour décorer le chaton : képi de fantassin à plat (304), boussole, boucle (305), croix-rouge émaillée, obus (306-308), canon de 75 avec ou sans avions (309-317) (celui-là aux variantes les plus nombreuses, ce qui témoigne de l'enthousiasme pour cette arme)... Certains présentent des sujets tantôt connus, tels que le *Chant du départ*, de Rude, tantôt de circonstance, avec légende : ici, le coq gaulois piétinant l'aigle allemand, là, le dominant bec à bec, avec la date *1914-1915* (318), ailleurs, éployé, tenant sous son ergot le casque pointu, avec les mots : *Verdun jamais* (319) ; un poilu serrant à la gorge un fantassin allemand, les mains en l'air, avec le cri : *Nous les aurons* (320) ; un soldat allemand désarmé, les bras abaissés (321) ; la Croix de guerre (322-324), à côté de laquelle il est piquant de voir une de celles que l'Allemagne fabriquait et écoulait en France par la Suisse (325) ; les couleurs et drapeaux des alliés, Belgique, Angleterre, Italie, Amérique, et sur cette dernière, un souvenir de la journée d'armes confraternelle du 4 juillet : *Sir from Paris*.

Les portraits ont fourni une large contribution; d'abord ceux des personnages historiques, Maréchaux Joffre et Foch (326-333), Albert Ier, Reine des Belges, Tzar, Maréchal French (334), Lord Kitchener (335), Président Wilson, Grands-Ducs (336), Lincoln (337) ; puis des têtes de soldats : le poilu avec le képi (338-339), le casque (340-341), le béret (342), ou la chéchia (343), l'Indou avec

son turban (344) ; et nous devons une mention spéciale à une suite
de quatre pièces de haute et puissante allure du maître David : le
poilu (345), le poilu à la rose (346), l'aviateur (347), le mar·
souin.

Voilà pour la plupart des bagues commerciales; les autres,
plus parlantes par leur origine, présentent toutes les variétés possibles de décor : initiales (348), emblèmes, dates, inscriptions,
pierres, plaques et ornements sertis (349) ou soudés (350), tantôt
avec l'aluminium seul, tantôt en y joignant le bronze ou le cuivre.
Les emblèmes? Cœur (351-355), croix de Lorraine (356), croix de
guerre (357-359), coq (360), fleur de lys (361-362), fer à cheval (363-364), grenade éclatante (365), trèfle à quatre feuilles (366-
369), marguerite, boutons d'uniforme (370-372)...

Les inscriptions, accompagnées généralement d'une date, sont le
nom d'une action ou d'une phase de la guerre. En voici quelques-
unes : *Argonne 1914-1915; Somme; Nieuport; Arras; Craonne;
Lille; Ostende; Liévin; Lens; Château-Thierry; Les Eparges; Sois-
sons 2 janvier 1918; Verdun; Alsace 1919; Yser 1914-1915* (373)
(traitée avec une maîtrise supérieure) ; *Reims.*

Bien des bagues de cette dernière ville se passent de légende.
Les débris des vitraux de sa cathédrale, brisés par les obus sacri-
lèges et haineux, jonchent le sol de la place du Parvis et c'est devenu
une industrie pour quelques miséreux que de ramasser ces reliques
qu'on enchâssera dans des bagues-souvenirs offertes aux curieux.
En voilà une fabriquée sur place par l'ami qui avait recueilli à mon
intention ce morceau d'émail vert (374), avant de tomber en brave
dans un assaut, quelques jours plus tard, et la profondeur mystérieuse de cette prunelle patinée par la lumière des siècles semble
recéler un rayon de l'œil de Jeanne d'Arc et de l'essence de l'âme
française.

Le 23 mars 1918, les Berthas commencent à bombarder Paris;
la bague française répond aux obus avec sa crânerie spirituelle.
Elle se décore des fétiches imaginés pour la circonstance, *Nénette et
Rintintin,* figurés en émail rouge sur cet exemplaire probablement

unique (375), la baraque ambulante de son ingénieux créateur ayant disparu quelques heures après sous l'un des obus conjurés.

Encore un fétiche, plus ancien celui-là, du début de 1917, et qui vient du front, envoyé par les marsouins à leurs marraines de guerre; un simple anneau de bois poli (376), que la mode luxueuse se plaît à décorer parfois de pierres précieuses incrustées à même dans le bois.

Bagues de guerre aussi, que ces anneaux en crins et perles aux couleurs nationales, Croix-rouge au centre (377), fabriquées dans les hôpitaux par nos glorieux mutilés et blessés.

Une autre, enfin, d'origine allemande, dont nous ne parlerions pas si le stock clandestin n'en avait existé à Strasbourg, sur terre française; en cuivre jaune estampé, elle porte au chaton un crâne et les tibias en croix (378), en prévision de l'entrée escomptée du Kronprinz à Paris, à la tête de ses hussards de la mort.

L'épilogue de la guerre et le traité de Versailles. Le Président Wilson y appose comme sceau, à côté de sa signature, l'empreinte du chaton de sa bague-cachet, une pépite d'or que lui a offerte l'Etat de Californie quand il s'est marié. Cette empreinte porte les mots *Woodrow Wilson*, écrits en sténographie par le président.

*
* *

Les temps ont marché, mais ce n'est pas sortir de France que d'évoquer avec cette bague du Grand-Duc Nicolas (379), notre an-cienne alliée, devenue le foyer de la dissolution sociale symbolisée dans un mince anneau de cuivre estampé (380), l'insigne de la IIIe Internationale, édité en 1924 pour les fidèles du régime. Sur l'anneau, la légende *Vive l'internationale*; sur le chaton *A bas la guerre* autour d'un buste de femme, les bras croisés, un poignard dans une main, une épée dans l'autre!

7

***

Les conquêtes scientifiques sont aussi de l'histoire. Quelques bagues, très rares, en rappellent, celle-là notamment de façon singulière, qui doit au nom de Branly, un Français, de figurer ici : la *Butterfly*, dans le chaton de laquelle (2 centimètres de long sur 1 de large), un bijoutier a pu établir un poste de T. S. F.

***

Si la grande France a eu ses bagues, les petites, ses provinces, ont eu aussi les leurs. Le Poitou et la Vendée fournissent certainement la documentation la plus riche à ce sujet, comme pays particulièrement traditionnalistes, avec le motif caractéristique du cœur, symbole de la fidélité.

C'est à cette région, où elles ont été trouvées, qu'il faut attribuer cet anneau en bronze très ancien, à chaton en forme de cœur, décoré de traits gravés en forme de losange (381) ; de même cette bague de fiançailles en argent : un émail à fond noir, bombé en forme de cœur serti par des griffes sur un cordon, représentant deux pigeons blancs (382). Mais celles-ci sont des exceptions. Le type classique courant est le cœur simple, très rarement isolé (383-384), généralement tenu par deux mains (385-390), ou les cœurs unis, surmontés ordinairement d'une couronne, comportant ou non des pierres, du rubis surtout (391-393), bagues de fiançailles traditionnelles, ce qui leur a valu le·nom de bague-foi. Un autre type en argent est dit *bague de roulier* (à qui elle servait d'amulette) ; son chaton ovale, sans pierre, porte des monogrammes, des attributs religieux ou un cœur (394).

Les monogrammes sont, croyons-nous, des initiales d'invocation religieuse ; nous avons rencontré les suivants que nous complétons :

Immaculata Maria Sanctissima Gratia (395). *Immaculata Purissima Mater Maria* (396), *Purissima Immaculata Plena Gratia* (397), *Immaculata Purissima Mater Concepta* (398).

Le fait s'explique par le souffle intense de dévotion dans ces provinces auxquelles nous attribuons également la bague ci-contre, faite avec une médaille d'argent du Sacré-Cœur (399).

La bague roulier présente encore deux types à rébus, un cœur dans une *L* (400-405) (*mon cœur est à elle*) et dans un *V* (406-407) (*mon cœur est à vous*). Les exemplaires ci-contre montrent leur variété et leur ancienneté.

La disposition des pierres sur d'autres bagues les a fait classer en trois catégories, *jarretière* (408) (pierres alignées) *française* (409) (pierres disposées symétriquement autour d'une pierre centrale), *anglaise* (410) (pierre principale centrale entre deux autres plus petites, alignées, ayant chacune leur chaton en saillie). Une variété de celle-ci est la *bague tombeau* (bague de deuil probablement) ayant un seul gros chaton à une pierre en forme de tronc de pyramide à base carrée, portant sur les côtés des larmes d'émail blanc ou noir.

Nous donnons ci-joint la reproduction d'un type différent (rubis, émeraudes et perles) (411) dont nous avons pu constater l'existence dans de vieilles familles du Niortais, se les transmettant de génération en génération.

La bague aux mains unies (412-416), bague-foi, elle aussi, n'a pas, croyons-nous, d'origine spéciale, bien qu'elle soit plus fréquente en Poitou. Rarement en argent, on la trouve généralement en cuivre, ivoire et os.

Citons enfin comme pièces caractéristiques de ces provinces, les bagues de fiançailles de Strasbourg, dite la *paysanne* (417), du pays messin (418), du Trentin avec ses deux Christ en croix de chaque côté du chaton à cinq pierres (419), dont nous donnons des reproductions d'exemplaires du xviiie siècle; celles du Cotentin, de l'Auvergne, du Niçois avec ses rutilances de couleur. Mais celles-là ne parlent pas comme les pièces qui les ont précédées ici; elles évoquent des sentiments personnels, des souvenirs de famille, elles sont seulement l'incarnation de la vie privée, alors que les autres synthétisent à des degrés divers la vie sociale.

TABLE INDICATIVE D'ORIGINE DES PIÈCES REPRODUITES

Nos

(1) Dechelette, *Manuel d'arch. préhist.* Paris, 1908, t. I, fig. 222.
(3) Deloche, *Etude hist. et arch. sur les anneaux... dans le haut moyen âge*, Paris, 1900, n° 707.
(5-6) Coll. C. Côte.
(8) Deloche, *supra*, n° 187.
(9) Invent. Parenteau. Nantes, 1878, Pl. 28.
(10) Dangibeaud, *Bull. arch. Saintonge et Aunis*, 1886, p. 232.
(11) Musée d'Orléans.
(12) Coll. Guilhou (*Catal. Seymour de Ricci*), n°s 816 et 817.
(13-25) Deloche, *supra*, n°s 1, 129, 130, 131, 132, 133, 65, 179, 180, 43, 215, 213, 117.
(29) Charbonneau-Lassay (*qq. Bagues anciennes du Bas-Poitou* 1914).
(30-38) Deloche, *supra*, n°s 256, 186, 73, 46, 216, 214, 248, 249, 186 *bis*.
(39) Invent. Parenteau, Pl. 29.
(40) Musée N.-D. de France. *Jérusalem.*
(41) Deloche, *supra*, n° 16.
(42) Invent. Parenteau, Pl. 29.
(43-44) Lieutenant-colonel Dervieu (*Rev. arch.*, 1924).
(45) Musée du Louvre.
(46) Bibliot. Apostolica Vaticana, n° 466.
(47-50) Coll. Baron Pichon, n°s 41, 52, 63, 67.
(51) Coll. Guilhou, n° 1161.
(53) Musée Antiq. Ouest, Poitiers.
(54) British Museum (*Cat. Dalton*, n° 937).
(55) Invent. Parenteau, Pl. 29.
(58) Coll. Baron Pichon, n° 42.
(59) Invent. Parenteau, Pl. 29.
(60-65) Musée Arts Décor. (*Don Carnot*).

(67)	Invent. Parenteau, Pl. 29.
(68)	Magasin pittor., 1869, p. 404.
(72-73)	Coll. Charbonneau-Lassay.
(74)	British Museum (*Catal. Dalton*, n° 778).
(76-77)	Coll. Guilhou, n° 1352 et 1342.
(82)	Coll. Comte de Bar.
(83)	Coll. Guilhou, n° 1546.
(87)	British Museum (*Catal. Dalton*, n° 1393).
(89)	E. Magne, *Ninon de l'Enclos*, 1924.
(92)	Coll. Alexandre.
(93)	Coll. Martine.
(94)	Coll. Robiquet.
(97)	Coll. Souteyrand.
(99)	Coll. Guilhou, n° 1620.
(100-102)	Musée Arts Décor. (*Don Mlle Meyer*).
(104)	d° d°
(106)	Coll. Guilhou, n° 1605.
(109)	Musée Arts Décor. (*Don Mlle Meyer*).
(110)	Musée Carnavalet.
(111)	Musée Arts Décor. (*Don Mlle Meyer*).
(121)	Coll. Guilhou, n° 1594.
(123-124)	Coll. Guilhou, n° 1585 et 1587.
(128)	Musée Arts Décor. (*Don Mlle Meyer*).
(129)	Coll. Guilhou, n° 1614.
(132-133)	Musée Arts Décor. (*Don Mlle Meyer*).
(134)	Coll. Guilhou, n° 1579.
(143-144)	Musée Carnavalet.
(150)	Musée Carnavalet.
(151)	Coll. Comte Allard du Chollet (*Rev. hebd.*, 1923).
(153-156)	Coll. Guilhou, n°ˢ 1577, 1574, 1588, 1595.
(157)	Musée Carnavalet.
(158)	Coll. Guilhou, n° 1575.
(159)	Charbonneau-Lassay (*Vieilles bagues de Vendée*, 1921).
(160)	Musée Masséna de Nice (*Salle Georges Chapsal*).
(165)	Musée Carnavalet.
(168)	d°
(169-170)	Coll. Guilhou, n° 1630 et 1636.
(172)	Invent. Parenteau, Pl. 56.
(174)	Musée Carnavalet.
(175)	Coll. Diener.

(176)   Coll. Guilhou, n° 1576.
(181)   Musée Arts Décor. (*Don Mlle Meyer*).
(182)   Coll. Guilhou, n° 1573.
(183)   Musée Arts Décor. (*Don Mlle Meyer*).
(184)   Coll. Comte Le Secq des Tournelles.
(187)   Coll. Manière.
(191)   Coll. Robiquet.
(193)   Coll. Guilhou, n° 1616.
(196)   Invent. Parenteau, Pl. 47.
(197)   Coll. Robiquet.
(201-202)   Coll. Guilhou, n° 1591 et 1603.
(203)   Coll. Manière.
(205-207)   Musée de l'Armée.
(210)   d°
(212)   Coll. Guilhou, n° 1608.
(214)   British Museum (*Cat. Dalton*, n° 1424).
(215)   Coll. Humbert (*Carnet de la Sabretache*, 1904).
(216)   Coll. Guilhou, n° 1618.
(217)   Musée Carnavalet.
(218)   Coll. Guilhou, n° 1598.
(221)   Musée Arts Décor. (*Don Mlle Meyer*).
(222)   Coll. Guilhou, n° 1601.
(225)   Musée de l'Armée.
(227)   Coll. Guilhou, n° 1600.
(230)   Coll. Guilhou, n° 1609.
(235)   Musée des Affaires étrangères.
(237)   Coll. Guilhou, n° 1584.
(239)   Coll. Guilhou, n° 1600.
(240)   Coll. Cottreau (*Carnet de la Sabretache*, 1904).
(250)   Invent. Parenteau, Pl. 56.
(252-253)   Invent. Parenteau, Pl. 47.
(254-255)   Coll. Guilhou, n° 1623 et 1624.
(257)   Coll. Guilhou, n° 1581
(263)   Musée Carnavalet.
(280)   Musée des Affaires étrangères.
(281)   Coll. Guilhou, n° 1604.
(291-294)   Grand-Carteret. *Musée pittor. du voyage du Tsar.*
(322)   Arthus Bertrand et Cie.
(346-347)   Coll. David.
(379)   Coll. Manière.

(383)   Musée Antiq. Ouest.
(384)   Coll. Guilhou, 1126.
(392)   Coll. Mme Lartigue (Charbonneau-Lassay, *qq. bagues anciennes du Bas-Poitou,* 1914).
(394)   Coll. Mme Thiérat (*supra*).
(375-396)   Musée Antiq. Ouest.
(397)   Gelin, *Les bijoux poitevins,* 1899.
(398)   Coll. G. Baufine.
(400-403)   Musée Antiq. Ouest.
(406)   d°.

TABLE DES PLANCHES.

Planche I.	Numéros	1 à 15.
— II.	—	16 à 28.
— III.	—	29 à 44.
— IV.	—	45 à 63.
— V.	—	64 à 86.
— VI.	—	87 à 109.
— VII.	—	110 à 130.
— VIII.	—	131 à 149.
— IX.	—	150 à 177.
— X.	—	178 à 197.
— XI.	—	198 à 224.
— XII.	—	225 à 258.
— XIII.	—	259 à 290.
— XIV.	—	291 à 334.
— XV.	—	335 à 380.
— XVI.	—	381 à 419.

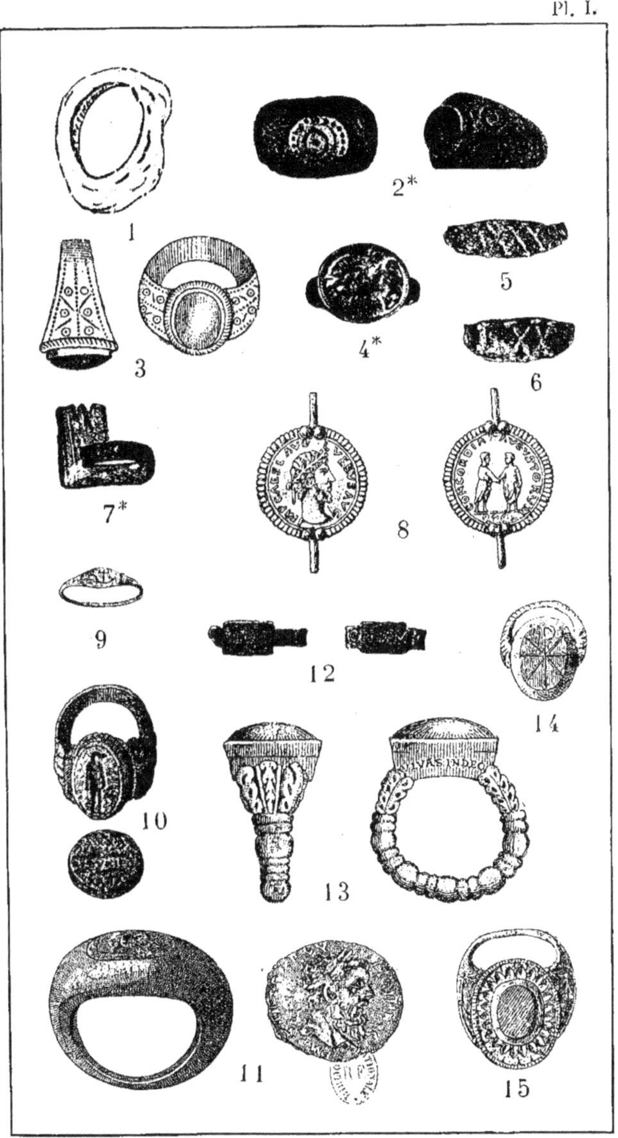

N. B. — Les pièces de la collection de l'auteur ont leur numéro suivi d'un astérisque.

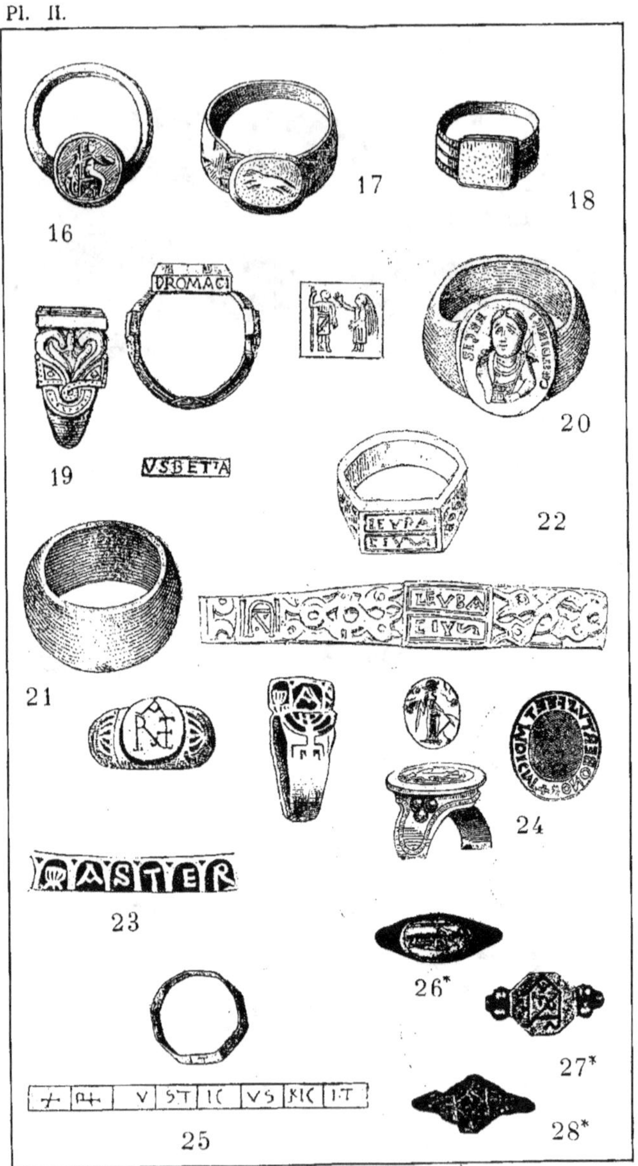

MARCO
NIVIA
30
31
33
29
36
32
37
34
35
39
40
42
43
44
38
41

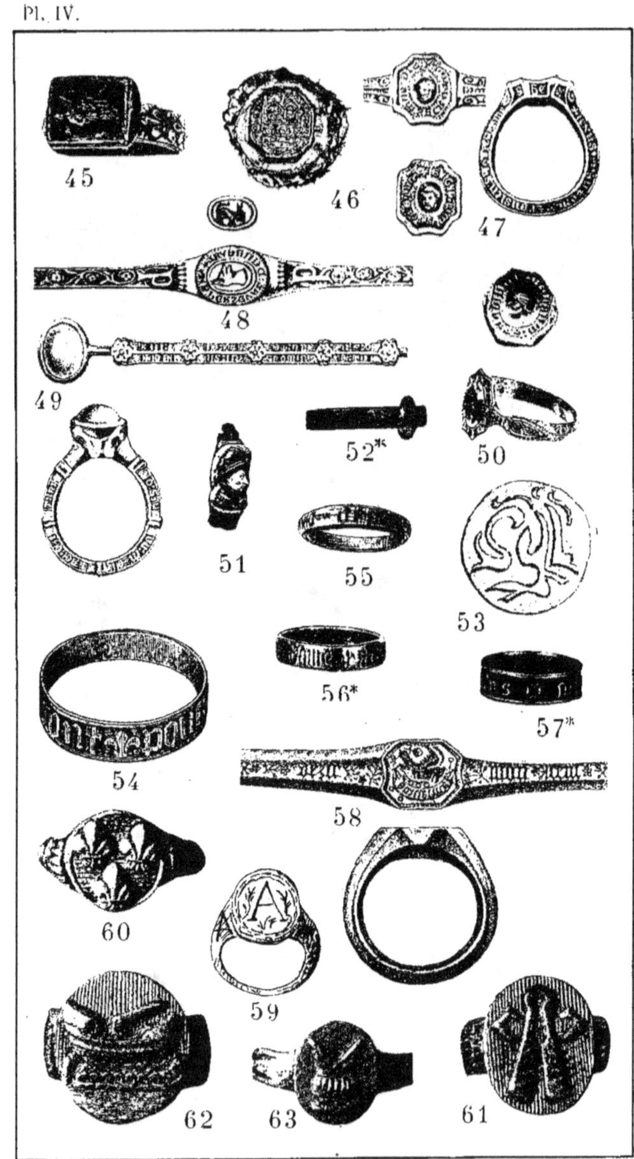
45
46
47
48
49
50
51
52*
53
54
55
56*
57*
58
59
60
61
62
63

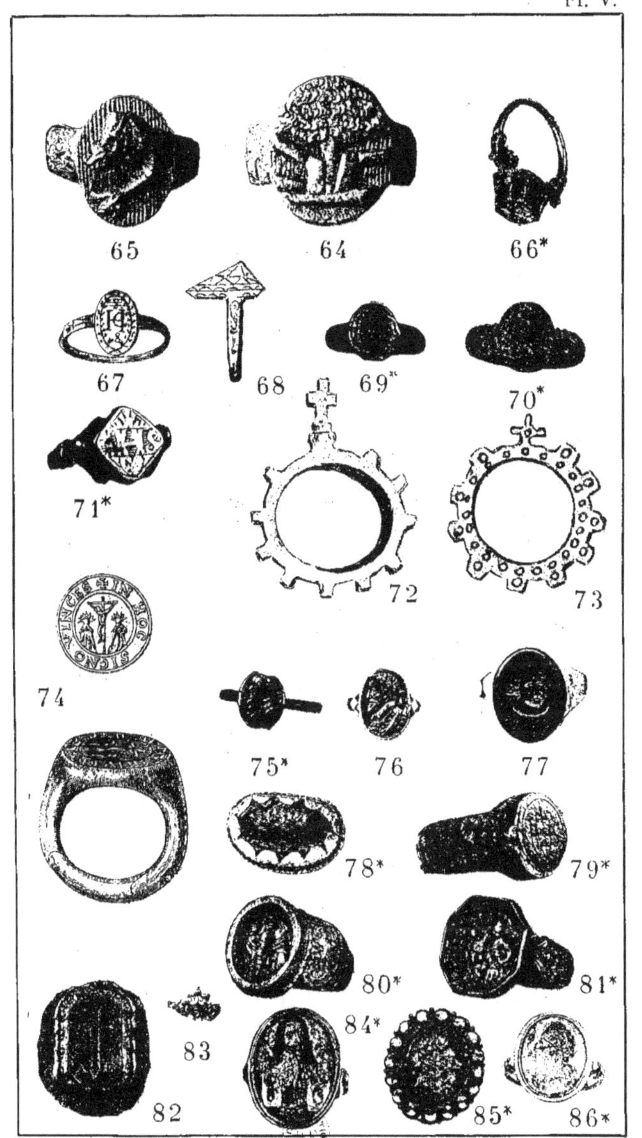

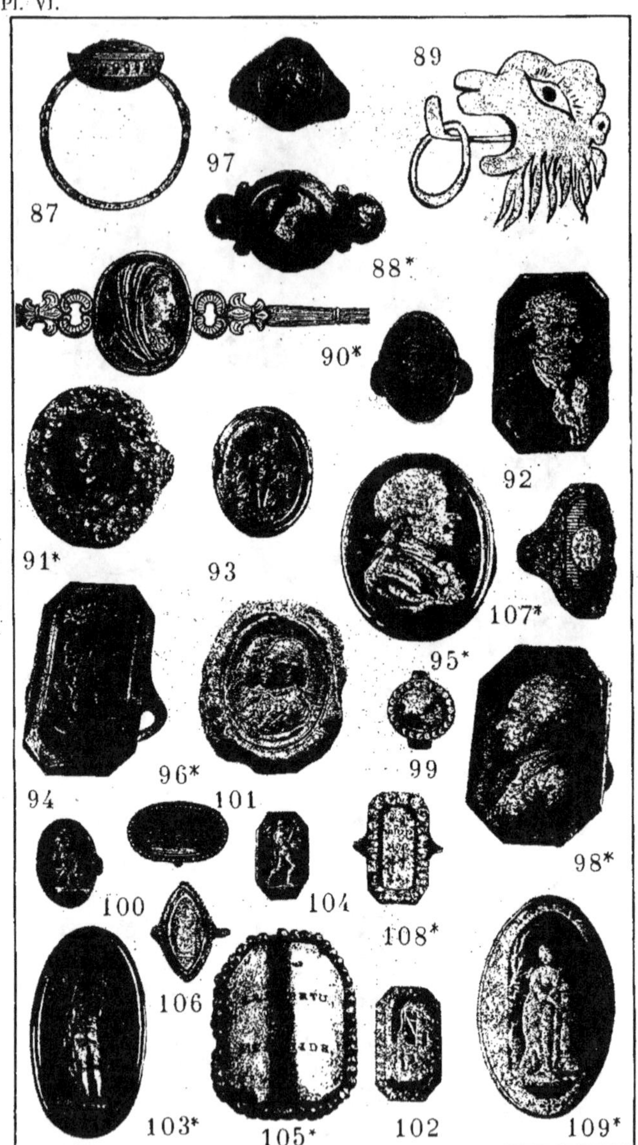
87
97
89
88*
90*
92
91*
93
107*
95*
96*
99
98*
94
101
100
104
108*
106
103*
105*
102
109*

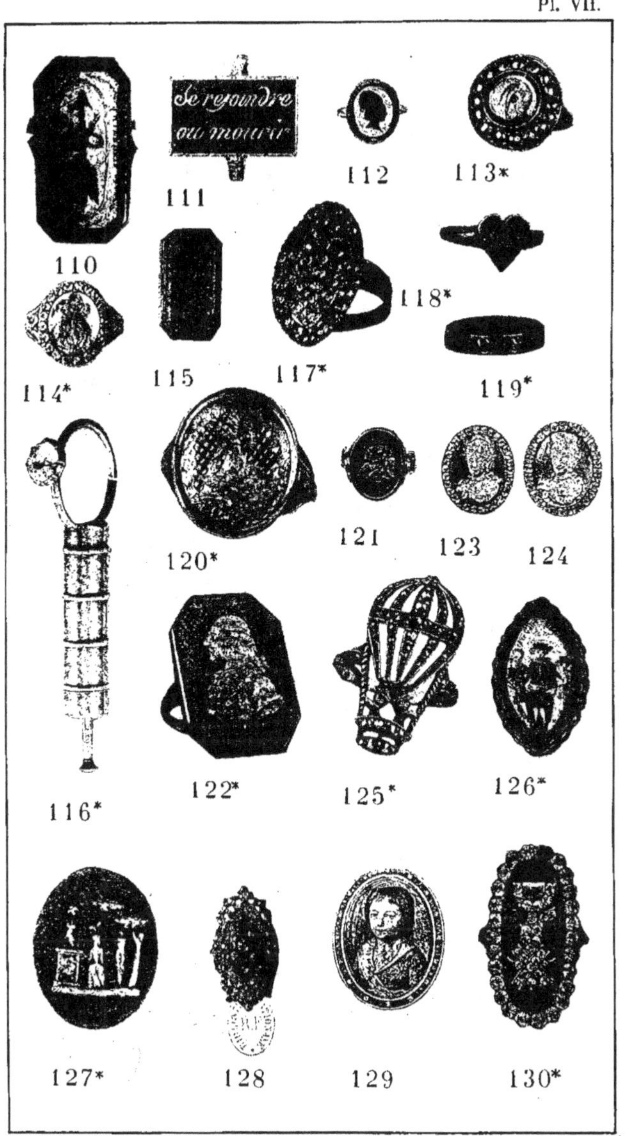
Se rejoindre
ou mourir
111
112
113*
110
118*
114*
115
117*
119*
120*
121
123
124
116*
122*
125*
126*
127*
128
129
130*

Pl. VIII.

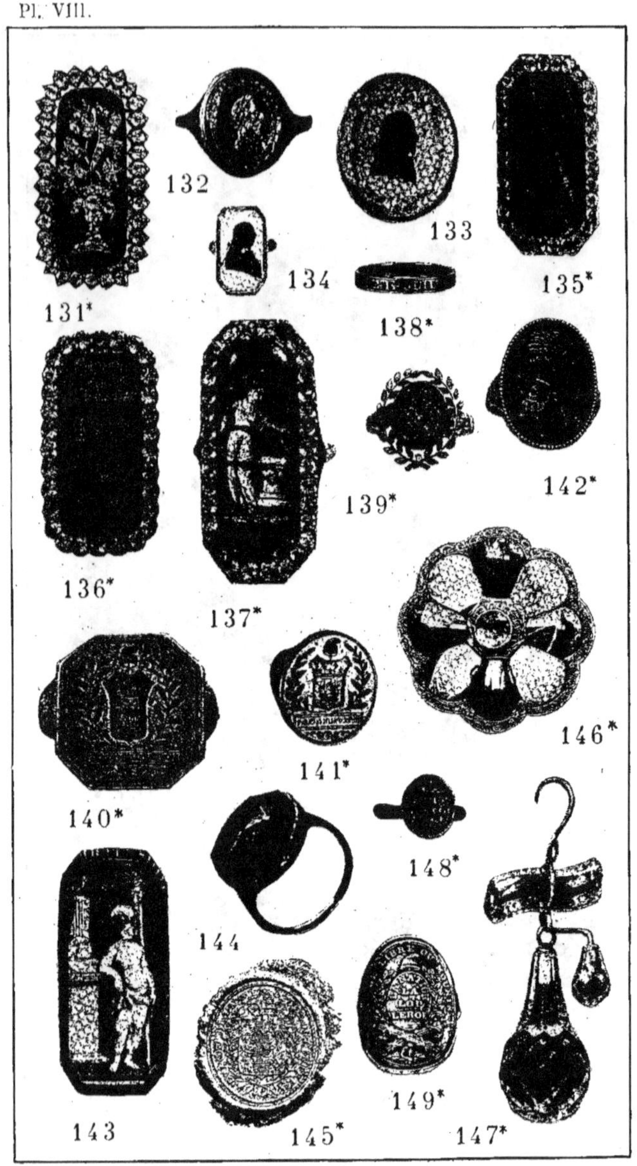
132
133
134
135*
131*
138*
139*
142*
136*
137*
146*
140*
141*
148*
144
149*
143
145*
147*

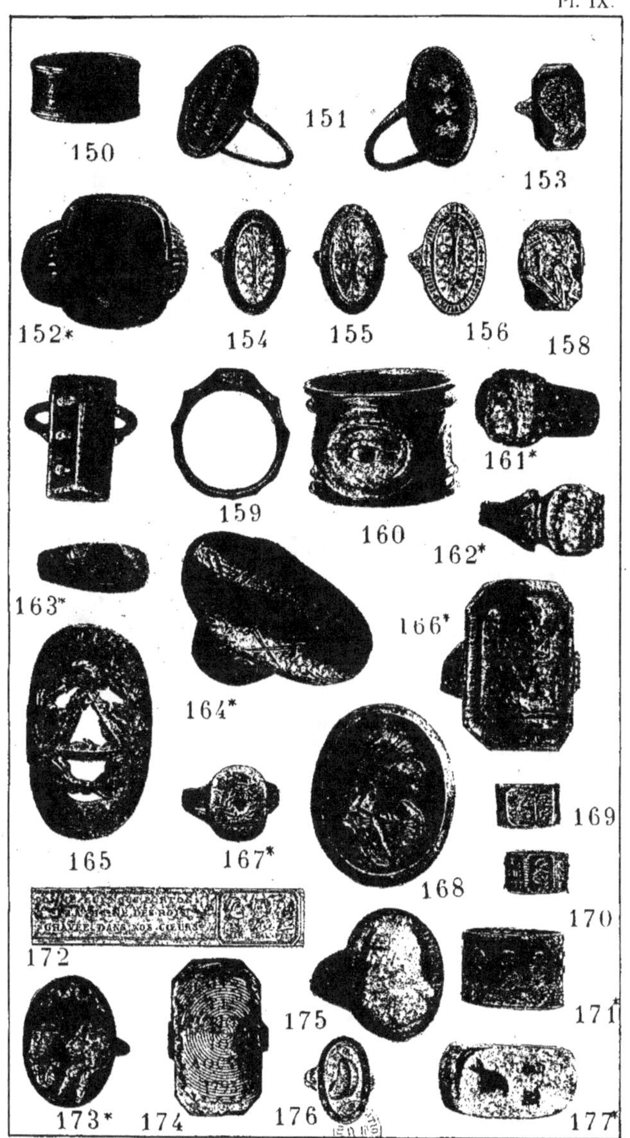

150 151 153
152* 154 155 156 158
159 160 161* 162*
163* 164* 166*
165 167* 168 169 170
172 171*
173* 174 175 176 177*

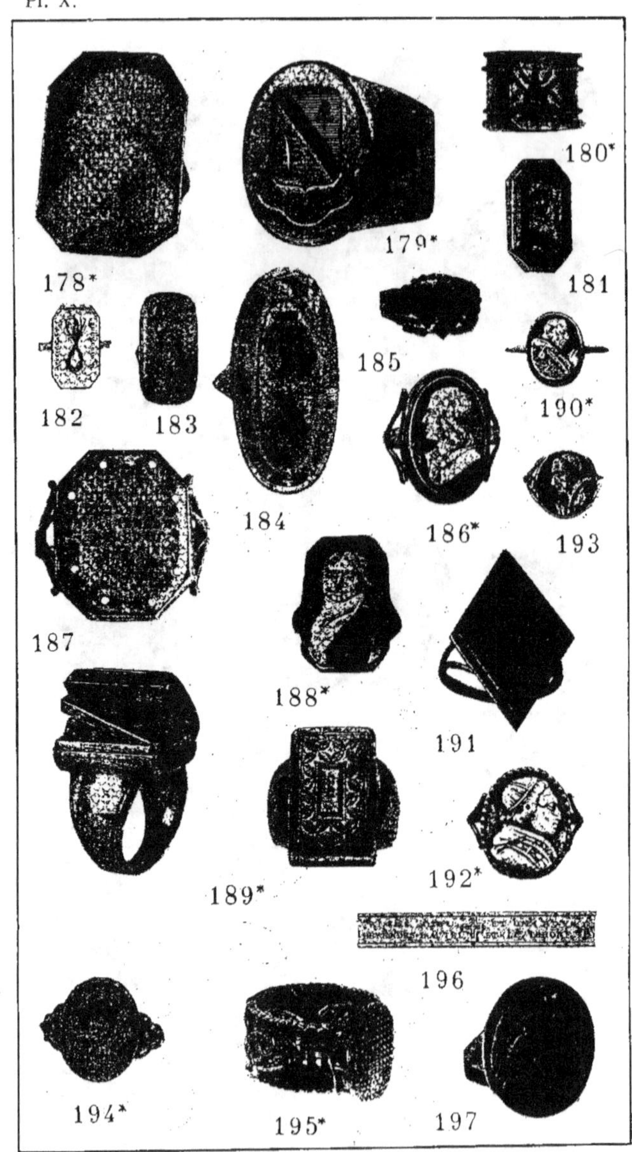
178*
179*
180*
181
182
183
184
185
186*
187
188*
189*
190*
191
192*
193
194*
195*
196
197

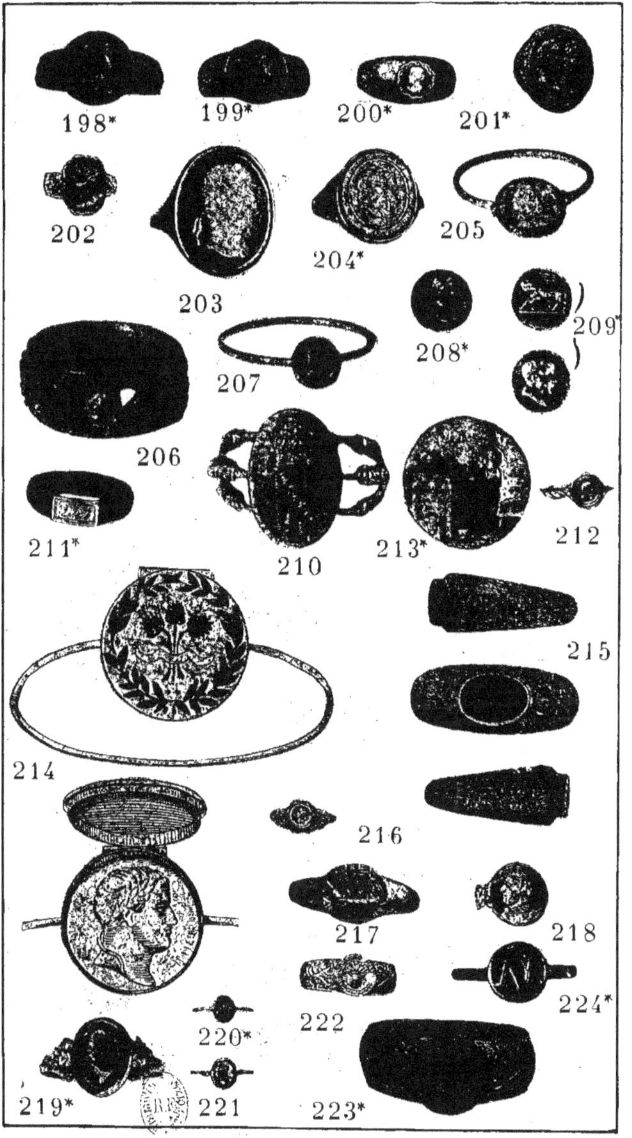

198*
199*
200*
201*
202
203
204*
205
206
207
208*
209
210
211*
212
213*
214
215
216
217
218
219*
220*
221
222
223*
224*

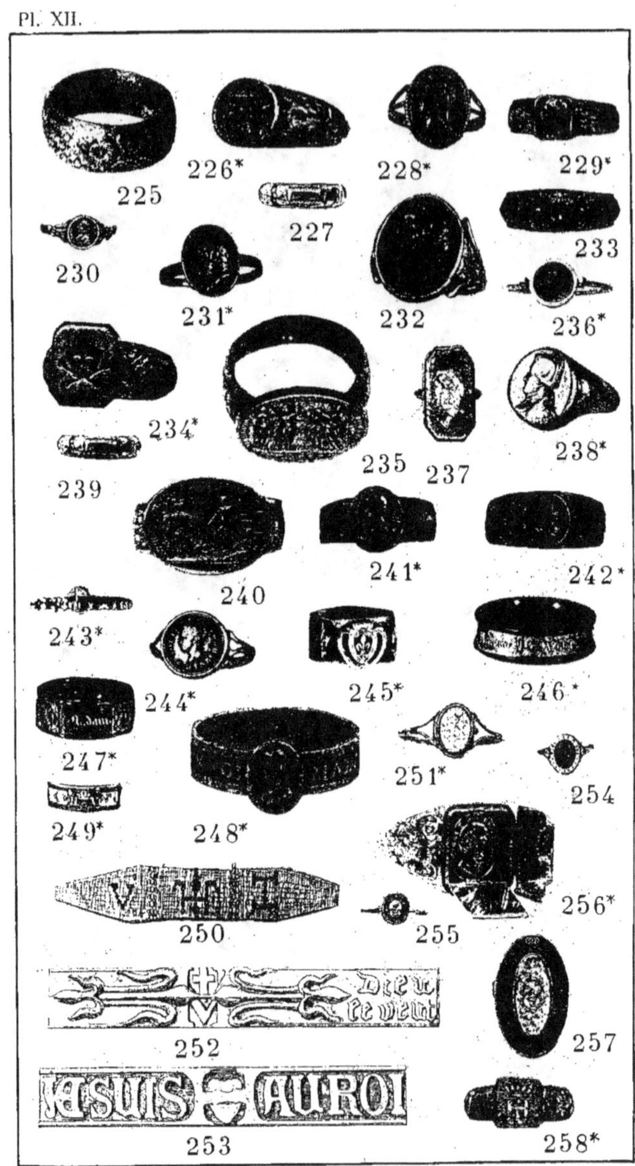

225
226*
227
228*
229*
230
231*
232
233
234*
235
236*
237
238*
239
240
241*
242*
243*
244*
245*
246*
247*
248*
249*
250
251*
252
253
254
255
256*
257
258*

259*
260*
261*
262*
263
264*
265*
266*
267*
268*
269*
270*
271*
272*
273*
274*
275*
276*
277*
278*
279*
280
281
282*
283*
284*
285*
286*
287*
288*
289*
290*

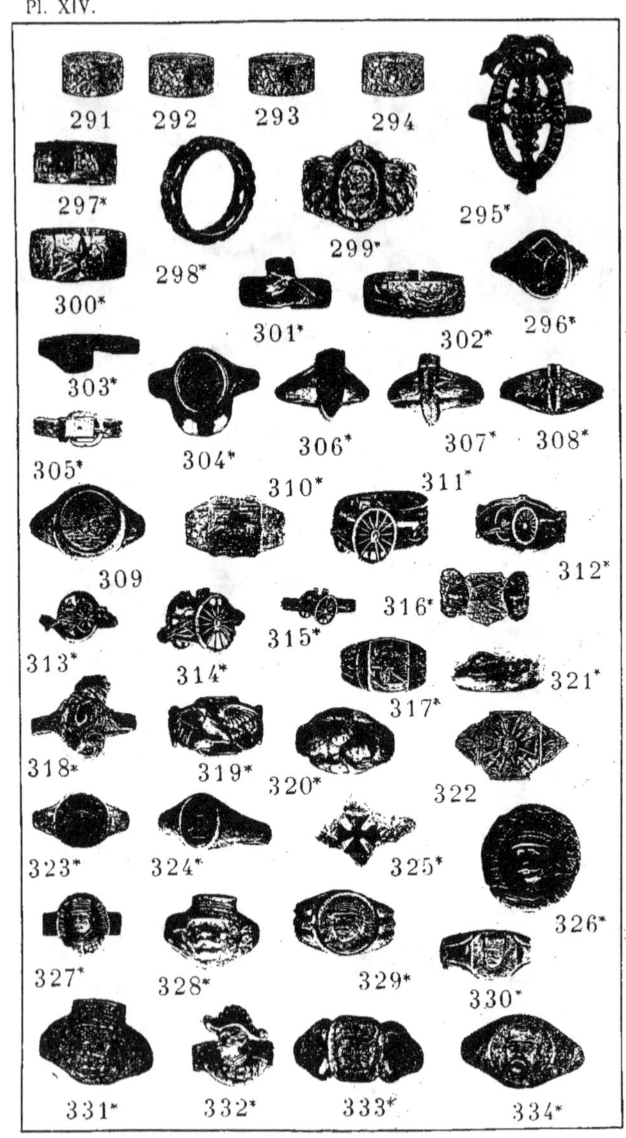

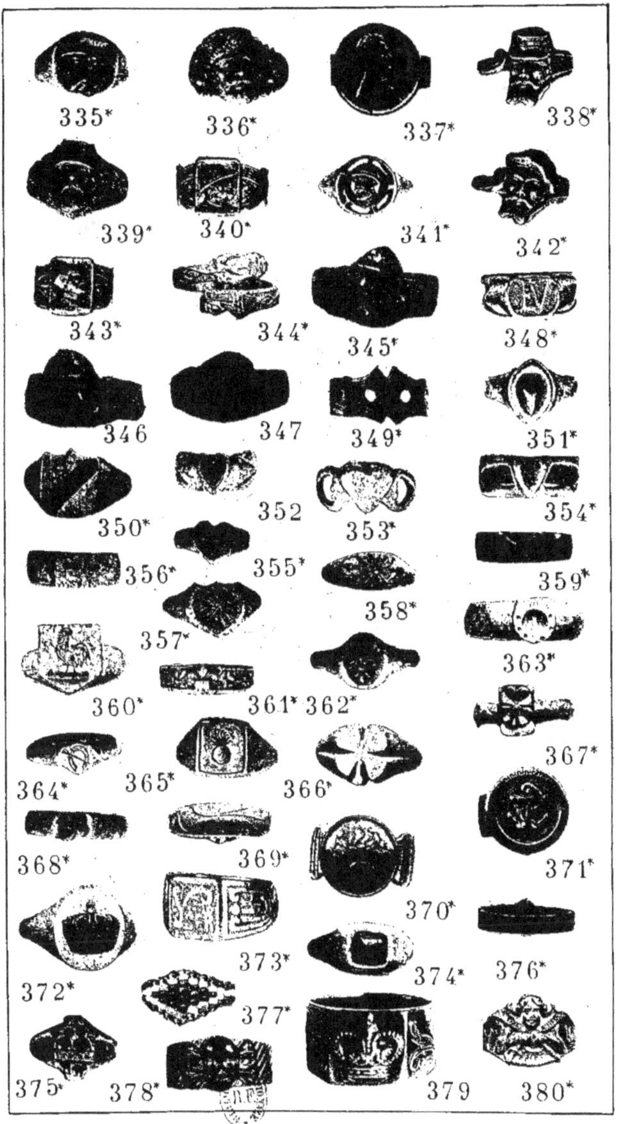
335*
336*
337*
338*
339*
340*
341*
342*
343*
344*
345*
348*
346
347
349*
351*
350*
352
353*
354*
356*
355*
358*
359*
357*
363*
360*
361* 362*
367*
364*
365*
366*
368*
369*
371*
370*
372*
373*
374*
376*
377*
375*
378*
379
380*

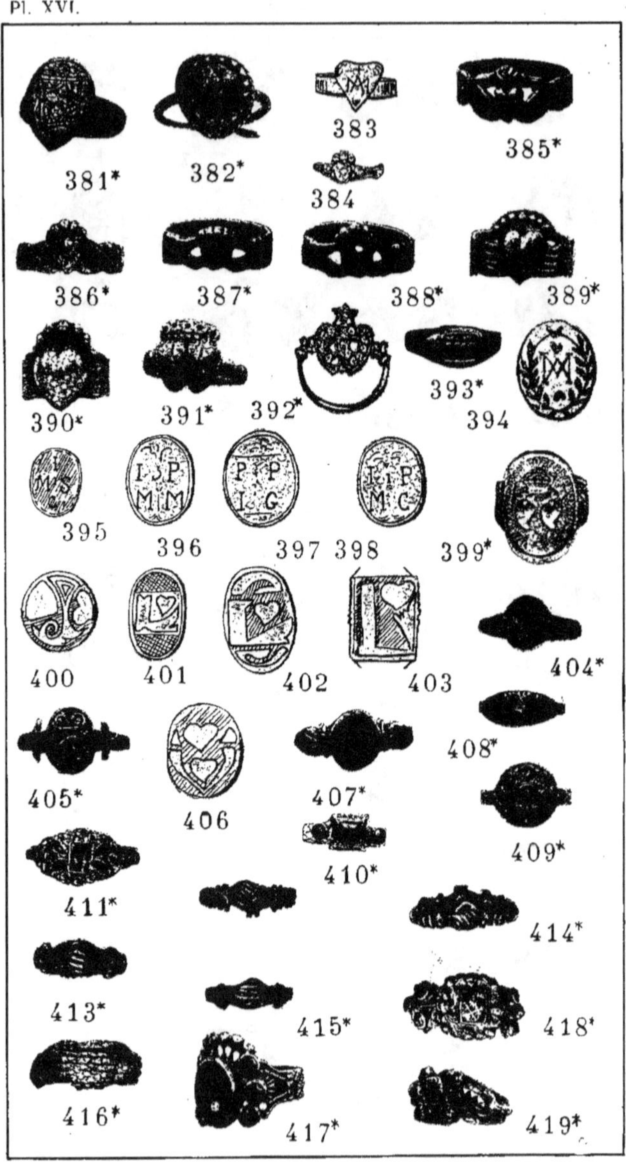

381*
382*
383
384
385*
386*
387*
388*
389*
390*
391*
392*
393*
394
395
396
397 398
399*
400
401
402
403
404*
405*
406
407*
408*
409*
410*
411*
413*
414*
415*
416*
417*
418*
419*

TABLE DES MATIÈRES.

		Pages.
Préface		v
La bague en France à travers l'histoire		1
Table indicative d'origine des pièces reproduites		101

TYPOGRAPHIE FIRMIN-DIDOT ET Cⁱᵉ. — MESNIL (EURE). — 1929.

www.ingramcontent.com/pod-product-compliance
Lightning Source LLC
LaVergne TN
LVHW021034050726
842519LV00003B/836